# 高效學習者



## 都在用的科學思維

從笛卡爾、達爾文、愛因斯坦等18位科學家，
培養屬於天才的思考

姚建明——編著

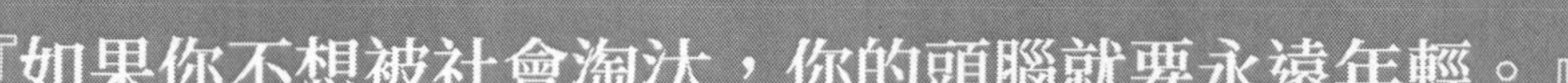

『如果你不想被社會淘汰，你的頭腦就要永遠年輕。』

物理之於數學，好比性愛之於手淫。／物理學頑童 理查．費曼

知識是死的，而學校卻要為活人服務。／20世紀最偉大科學家 愛因斯坦

即使已經發現有失敗的可能時，也應該繼續下去。／第一位日本諾貝爾獎得主 湯川秀樹

# 目錄

# 序

人類思想史上具有永恆價值的處世智慧，包含於三大奇書之中：一是馬基維利的《君王論》（Il Principe），為了那些處心積慮想取得或保有王權的帝王而寫；二是孫武的《孫子兵法》，主要是為那些運籌於帷幄之中的將帥們而寫；三是葛拉西安（Baltasar Gracian）的《智慧書》（*Oráculo Manual y Arte de Prudencia*），為每一個人為人處世、安身立命而寫。

我們這本關於學習和腦科學研究的書就會按照《智慧書》的導引，為你闡述：學習需要態度、計畫與方法，學習更需要深刻地了解自己。

我們最需要告訴你的是：終身學習是我們共同的理念。

本書介紹了十八位偉大的科學家，為大師們做了簡單的分類，分別突出了學習過程中自身的努力、優秀老師的引導以及良好的成長環境，希望能為大家所借鑑。

怎樣突出自己學習的主題，走出自己的「主線」呢？我們一起來探討兩個問題吧：第一個問題，一個人驕傲自滿是壞事嗎？我說，不一定。當然，為自己驕傲可以；自滿，那就不對了。可是你也要想到，驕傲也是要有本錢的，也是要具備能超越別人的實力的，這些本錢、實力從哪裡來？從學習中來。還有一點「歪理」，我們說學習需要心態，保持驕傲的心態（還是不能自滿），會讓你保持學習的動力，除非你想看著別人超越自己。

可說到最終，選擇還是要自己做出的。我們的人生實際上就是由無數的選擇所構成的，每一個選擇都很關鍵，似乎都能決定我們的命運。我們並不能保證我們的每一次選擇都是正確的，但我們可以讓我們做出更多更好的選擇。最重要的，是需要我們為自己不斷地積蓄正能量。那麼正能量從哪裡來？從書中來——書中自有顏如玉、書中自有黃金屋。

讓我們時時刻刻、無處不在地去學習、去讀書吧。

編者

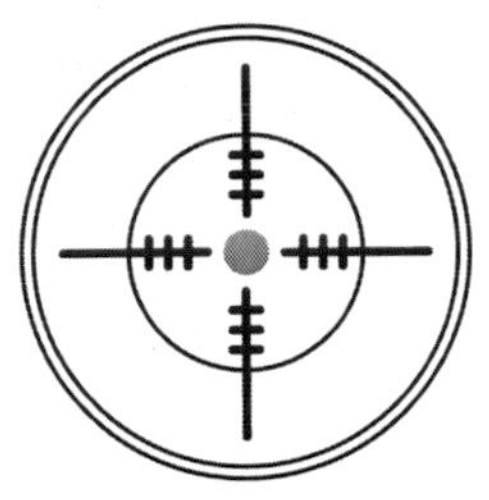

# 第 1 章　學習模式借鑑一——自己設計未來

在人類學習的進程中，那些科學家、偉人無疑是走在了最前面。他們是成功者，但他們並不是神。從他們的成功之中，我們能看到自己未來的希望。我們也相信，他們的成功一定是可以借鑑的。

學習者、學習引導者和學習媒介需要達到有機的結合，學習才能成功。作為學習者，就需要充分利用好自己的現有條件，發揮自有的特長，同時克服影響自己成長的困難和不利因素。本章的六位「學習者」都是屬於自我學習能力超強的人。

# 1.1　離神越來越遠的巴夫洛夫

至高無上的辨別力。它是理智的寶座，是審慎的基石。有了它，你只需付出少許便能獲得成功。它是上帝賜予人類的禮物，應該當作人生居於首位的、最優秀的素養而來求取，它是我們的甲冑之要件。它如此重要，沒有它，我們就是有缺陷的人 —— 而別的素養不過是多點少點的問題。生活中的一切行為都有賴於它作決定，都需要它的幫助。因為無論做什麼事都需要智力。辨別力天生便傾向於最理性的路線，且融合了對最確切事物的喜愛。

—— 《智慧書》（96）

巴夫洛夫．伊凡．彼德羅維奇

—— 俄國生理學家、心理學家、高級神經活動學說的創始人

巴夫洛夫 1849 年 9 月 14 日出生於拉占的一個牧師家庭，1860 年進入神學院，1870 年改變成為牧師的初衷，進入聖彼得堡大學學習動物生理學。1875 年轉入軍事醫學院學習，1883 年獲醫學博士學位，1884 年成為軍事醫學院副教授，1890 年起成為軍事醫學院藥理學教授，1895 年起為生理學教授，1904 年因消化腺生理學研究的卓越貢獻而獲諾貝爾生理學或醫學獎金。

## 1.1.1 世界上第一位諾貝爾生理學或醫學獎

從 1878 年 1890 年，巴夫洛夫研究血液循環中神經作用的問題。

當時，神經系統對於許多器官的支配作用和調節作用還沒有被人們清楚地認識。巴夫洛夫發現了胰腺的分泌神經。不久，他又發現了溫血動物的心臟有一種特殊的營養性神經，這種神經只能控制心跳的強弱，而不影響心跳的快慢。科學界人士把這種神經就稱為「巴夫洛夫神經」。巴夫洛夫自此開闢了生理學的一個新分支 —— 神經營養學。

從 1890 年開始，巴夫洛夫進入他研究工作的第二個時期 —— 消化系統的研究。他發明了新的實驗方法，不使用被麻醉的動物做急性實驗（每次實驗完了，動物也就死掉了），而是用健康的動物做慢性實驗，從而能夠長期觀察動物的正常生理過程。他還創造了多種外科手術，把外科手術引向整個消化系統，徹底釐清了神經系統在調節整個消化過程中的主導作用。巴夫洛夫因在消化生理學方面的出色成果而榮獲 1904 年諾貝爾生理學或醫學獎金，成為世界上第一個獲得諾貝爾獎的生理學家。

1924 年，巴夫洛夫任蘇聯科學院巴夫洛夫生理學研究所所長。科學研究內容分屬心臟生理、消化生理、高級神經活動生理 3 個領域。在高級神經活動生理領域的研究成果尤為豐碩。他證明了大腦和高級神經活動由無條件反射、條件反射雙重反射形成；揭示了「精神活動」是大腦這一「物質肌肉」活動的產物，它們同樣需要消耗能量。他提出：人除第一訊號系統即對外界直接影響的反應外，還有第二訊號系統即引起人高級神經活動發生重大變化的語言；正是這第二訊號系統學說揭示了人類特有的思維生理基礎。

巴夫洛夫從事生理學研究六十餘年，為人類作出了不可磨滅的貢獻。1936 年逝世，有《巴夫洛夫全集》6 卷傳世。其他主要著作有：《心臟的傳出神經》（1883 年）；《主要消化腺機能講義》（1897 年）；《消化腺作用》（1902 年）;《動物高級神經活動（行為）客觀研究 20 年經驗：條件反射》（1923 年）;《大腦兩半球機能講義》（1927 年）等。

## 1.1.2 能言善辯

由於出生於神職人員的家庭，巴夫洛夫和弟弟德米特從小就接受宗教學校的教育，他的父親也希望他們學成之後成為牧師。當時，在許多人眼裡這是一個很體面的職業。而且還可以子承父業。

從個性上說，巴夫洛夫比較穩重，喜歡看書，不像弟弟那樣喜歡無聊的惡作劇。當時學校開設的課程主要是聖經和宗教史，但同時也涉及一點邏輯學、心理學、教育學、哲學、歷史以及俄國文學。未來的神職人員還要求懂得物理學和數學。他們不僅要學古老的拉丁語和希臘語，而且要學法語和德語。學校裡也開設自然史的課程，也可以命題作文，以使學生們具有推理和自由表達思想的能力，未來的傳教士不會這些是不行的。此外，學校還精心培養學生的辯論能力，以便使這些神職人員對虔誠的教民們提出的各種問題能夠有問必答。

中學時的巴夫洛夫特別能言善辯，他終生具有這種本領。他不希望他的辯論對手隨聲附和，甚至舉手投降，他要逐條駁倒對方，直到取得徹底的勝利。他經常讓弟弟、同伴、同學，甚至父親做他的辯論對象，大家都親身感受到了他的「威力」。辯論有時進行得很激烈，巴夫洛夫曾回憶道：「在青年時代，我是喜歡爭論的 —— 寧可不吃飯！然而可以明白地說，這不是簡單的爭論，這是磨練思想和邏輯，也使我深信自己的觀點的真理性和正確性。」

在此期間，巴夫洛夫閱讀了大量有關社會改革的報紙、雜誌和書籍。當時的沙皇統治已經腐敗透頂，可是教會學校和神學院還都為沙皇唱讚歌，讚頌他的成績和「偉大」之處，封建貴族和教會壟斷著學校教育，他們為維護沙皇的專制統治而實行愚民政策。課堂上學到的自然科學知識十分有限，於是他另闢蹊徑，在完成學校規定的課程外，開始大量閱讀課外書籍。包括赫爾岑、別林斯基、車爾尼雪夫斯基等著名民主主義革命者的文章，這使巴夫洛夫離神學越來越遠。

在一次公開辯論「靈魂中是否也存在人類的規律」這一題目時，巴夫洛夫講了一大堆關於反射的瀆神的話。在他看來，好像反射可以取靈魂而代之。而這一切好像故意發生在大主教本人在場的情況下。

最初，辯論還進行得比較平穩。但是，當巴夫洛夫面前的發言人義正詞嚴地說：「從本質上講，靈魂與身體無關，不從屬於也不可能從屬於人世的肉體規律。」此時，巴夫洛夫這個叛逆者就像拳擊手在賽場上一樣，再也按捺不住戰鬥的衝動，他毫不客氣地打斷了這個保守派的講話：「是的，如果不考慮最新的科學成就，事情是這樣的。顯然，這位先生並不知道科學的新成就。」然後，他向主教閣下鞠了一躬，繼續說：「請允許我只提一個問題：什麼叫反射？我看得出，我的對手臉色白了，血液從他的面部流走了。為什麼呢？我認為是由於害怕。這位先生害怕在我們的辯論中吃敗仗，所以，當他聽到無法解釋的陌生名詞時就驚慌失措了。由此可見，他臉色發白的原因不在於靈魂，而在於外界的刺激。根據實驗記載來判斷，情況總是這樣。在這裡，要談談反射這個概念。反射是什麼？我們看到、聽到、接觸到的東西的反映。而一切精神上的東西都是塵世的東西……」

未來的神職人員竟敢講這些東西！這怎麼能和他宗教學校畢業後準備授予他的那個教職相容呢？就因為這次辯論，巴夫洛夫被驅除出了宗教學校。

父親並沒有因為事情發展到這種地步而感到驚訝！因為他了解兒子的打算。一天，吃完晚飯後，房間裡靜極了，只聽到白布桌上發亮的大茶壺裡的水在沸響。「爸爸，」巴夫洛夫說，「我不準備在宗教中學繼續讀下去了。我想現在就去聖彼得堡上大學。」

父親嚴厲地看了看兒子，把手中的茶杯放到桌上：「為什麼這麼著急呢？先唸完神學院不可以嗎？」

「我不想白白浪費時間了，爸爸，有很多東西我需要知道。」巴夫洛夫低聲說，可是他的態度是堅決的，他是經過深思熟慮的。

父親拿起茶杯，喝了一口，然後慢條斯理地問：「你想知道什麼呢？」

「我想知道人體的構造是怎樣的。」

「想當醫生嗎？」父親對兒子的回答沒有感到意外，以為兒子將來想行醫。

「不。」巴夫洛夫搖了搖頭。兒子的回答讓父親感到有點吃驚了。

「如果你不想當醫生，那麼你為什麼要知道人體是怎樣構造的呢？」父親繼續問。

「為了幫助人。」巴夫洛夫熱情地回答。

父親想了想，微笑著站了起來，他被兒子認真的精神所感動，他認為兒子有權利選擇該走的道路：「你說得很好，你想的更是勇敢，你能實現你的理想嗎？」

「我會下功夫的。」

「那麼，你已經想好了？」

「是的，爸爸，我已經想好了。」

1870 年 9 月，巴夫洛夫來到聖彼得堡大學申請攻讀法律系，原因是該系不需要考數學。這位未來的科學家對數學一直沒有抓緊，因為怕考不及格，他耍了一點花招。順利考入法律系之後，巴夫洛夫立即申請轉入物理數學系自然科學專業學習。大學期間，他學習勤奮，一直獲得獎學金。正是靠這為數不多的獎學金才使他艱難地完成了大學學業。大學三年級時，他聽了著名生理學家齊昂教授關於生理學方面的一次科學報告，1875 年，巴夫洛夫從聖彼得堡大學生物科學部畢業。

### 1.1.3 巴夫洛夫：《給年輕人的一封信》

什麼是我對於我們祖國獻身科學的年輕人的希望呢？

首先是循序漸進。我無論在任何時候都不能不心情激動地談到這種卓著成效的科學工作所應具備的最重要的條件。循序漸進，循序漸進，再循序漸進。從一開始工作起，就要在積累知識方面養成嚴格循序漸進的習慣。

你們在想要攀登到科學頂峰之前，應先通曉科學的初步知識。如未掌握前面的東西，就永遠不要著手做後面的東西。永遠不要企圖掩飾自己知識上的缺陷，哪怕是用最大膽的推測和假設來掩飾呢。不論這種肥皂泡的色彩多麼使你們炫目，但肥皂泡必然是要破裂的，於是你們除了慚愧以外，是會毫無所得的。

要養成謹嚴和忍耐的習慣。要學會做科學中的細小工作。要研究事實，對比事實，積累事實。

無論鳥翼是多麼完美，但如果不憑藉著空氣，它是永遠不會飛翔高空的。事實就是科學家的空氣。你們如果不憑藉事實，就永遠也不能飛騰起來的。如果沒有事實，那你們的「理論」就會成了虛妄的掙扎。

但是在研究、實驗和觀察的時候，要力求不停留在事實的表面上。切勿變成事實的保管人。要洞悉事實發生的底蘊。要堅持不懈地尋求那些支配事實的規律。

第二是謙虛。無論在什麼時候，永遠不要以為自己已經知道了一切。不管人們把你們評價得多麼高，但你們永遠要有勇氣對自己說：我是個毫無所知的人。

切勿讓驕傲支配了你們。由於驕傲，你們會在應該同意的場合固執，由於驕傲，你們會拒絕有益的勸告和友好的幫助，而且由於驕傲，你們會失去了客觀的標準……

第三是熱情。切記，科學是需要人的畢生精力的。假定你們能有兩次生命，這對你們說來也還是不夠的。科學是需要人的高度緊張性和很大的熱情的。在你們的工作和探討中要熱情澎湃。

……

# 1.2 兩次諾貝爾獎得主鮑林

要有獨到的見解，這是才智過人的標誌。不要看重從不反駁我們的人，這並不表明他喜歡我們，只表示他愛的是自己。不要被別人的諂媚蒙蔽，並為之付出代價，相反，要譴責這種行為。另外，如果你被某人非難，尤其是他們總把好的說成壞的，你可將其視為對你的讚美。相反，如果我們做的事讓所有人都高興，我們應該感到不安，因為這說明我們做的事毫無意義。只有少數人才能做到完美。

——《智慧書》（245）

萊那斯．卡爾．鮑林

美國著名化學家，量子化學的先驅者之一

1901 年 2 月 28 日出生於美國俄勒岡州波特蘭，1994 年 8 月 19 日卒於加利福尼亞。1922 年在俄勒岡州農學院化學工程系畢業。1925 年在加利福尼亞州理工學院取得化學哲學博士學位。1922—1963 年在加利福尼亞州理工學院任教，1967 年任加利福尼亞大學化學教授。1969 年任史丹佛大學化學教授，1974 年任榮譽教授。1954 年因在化學鍵方面的工作獲得諾貝爾化學獎，1962 年因反對核彈在地面測試的行動獲得諾貝爾和平獎，成為兩位獲得諾貝爾獎不同獎項的人之一（另一人為瑪麗· 斯克沃多夫斯卡，舊稱居禮夫人）。主要著作有：《化學鍵的本質》、《量子力學導論》、《分子構造》、《線光譜結構》、《大學化學》、《普通化學》等。

## 1.2.1 是物理學家還是生物學家

### 1. 價鍵理論

鮑林自 1930 年代開始致力於化學鍵的研究，1931 年 2 月發表價鍵理論，1939 年出版了在化學史上有劃時代意義的《化學鍵的本質》一書。這部書徹底改變了人們對化學鍵的認識，將其從直觀的、臆想的概念昇華為定量的和理性的高度。鮑林對化學鍵本質的研究，引申出了廣泛使用的雜化軌域概念。由於鮑林在化學鍵本質以及複雜化合物物質結構闡釋方面傑出的貢獻，他贏得了 1954 年諾貝爾化學獎。

### 2. 電負度

鮑林在研究化學鍵鍵能的過程中發現，對於同核雙原子分子，化學鍵的鍵能會隨著原子序數的變化而改變，為了盡可能定量地描述各種化學鍵的鍵能以及其變化趨勢，鮑林於 1932 年首先提出了用以描述原子核對電子吸引能力的電負度概念，並且提出了定量衡量原子電負度的計算公式。電負度這一概念簡單、直觀、物理意義明確並且不失準確性，至今仍獲得廣泛應用，是描述元素化學性質的重要指標之一。

### 3. 共振論

鮑林提出的共振論是 20 世紀最受爭議的化學理論之一。也是有機化學結構基本理論之一。共振論提出，體系的真實電子狀態是介於某些可能狀態之間的一種狀態，分子是在不同化學鍵結構之間共振的。鮑林將共振論用於對苯分子結構的解釋獲得成功，使得共振論成為有機化學結構的基本理論之一。

### 4. 生物大分子結構和功能

1930 年代中期，鮑林開始在生物大分子領域對血紅素的結構進行研究，並且透過實驗首先證實，在得氧和失氧狀態下，血紅素的結構是不同的，為了進一步精確測定蛋白質結構，鮑林首先想到他早期從事的 X 射線繞射晶體結構測試的方法，他將這種方法引入到蛋白質結構測定中，並且推導了經繞射圖譜計算蛋白質中重原子座標的公式。至今透過蛋白質結晶，進行 X 射線繞射實驗仍然是測定蛋白質三級結構的主要方法，人類已知結構的絕大部分蛋白質都是經由這種方法測定獲得的。

結合血紅素的晶體繞射圖譜，鮑林提出蛋白質中的肽鏈在空間中是呈螺旋形排列的，這就是最早的 α 螺旋結構模型，有科學史學者認為華生和克里克提出的 DNA 雙股螺旋結構模型就是受到了鮑林的影響，而鮑林之所以沒有提出雙股螺旋，是因為他在 1950 年代受到美國麥卡錫主義的影響，錯過了一次在英國舉行的學術會議，沒有能夠看到一幅重要的 DNA 晶體繞射圖譜。

1951 年鮑林結合他在血紅素進行的實驗研究，以及對肽鏈和肽平面化學結構的理論研究，提出了 α 螺旋和 β 折疊是蛋白質二級結構的基本構建單位的理論。這一理論成為 20 世紀生物化學若干基本理論之一，影響深遠。

此外，鮑林還提出了酶催化反應的機理、抗原與抗體結構互補性原理以及 DNA 複製過程中的互補性原理，這些理論在 20 世紀的生物化學和醫學領域都扮演了非常重要的角色。

## 1.2.2 礦石迷

鮑林的父親赫爾曼是藥劑師，在鮑林 9 歲時病逝；母親露西·貝莉由於失去丈夫的精神打擊和要撫養三個孩子的經濟壓力，患上了嚴重的憂鬱症，變得體弱多病。鮑林的妹妹回憶當年的情形說：「我們的童年是非常不幸的，我們能活下來真是個奇蹟。」不幸的童年在鮑林的性格中扎下了複雜的因素，成為他成名後性格中備受爭議的問題。

在一連串的不幸到來之前，鮑林一家的生活條件還算優越。他們有個鄰居是開藥鋪的中國人，赫爾曼與這位中國商人交上了朋友，並且邀請他教鮑林用中國話數數。鮑林學得又快又好，兩歲時就能用中國話數到一百，赫爾曼和貝莉都非常高興，對鮑林讚不絕口。鮑林在兒童時代就表現出了語言的天賦，他後來學會了德語、法語和義大利語，而且講得都非常流利。

但不幸的到來是無法抵抗的，父親的去世和母親變得越來越不可理喻，使鮑林在家裡和學校都變成了沉默寡言的人。鮑林的學習成績一直不錯，但他沒有什麼朋友。傑佛瑞斯，可以算作他唯一的朋友 —— 可能是因為兩人都沒有了父親，也正是傑佛瑞斯成了鮑林的第一任化學「啟蒙老師」。

在上高中的時候，學校開始教授科學知識，但這些課程中沒有化學這一門。鮑林是從傑佛瑞斯那裡知道化學這門科學的。一天下午放學後，傑佛瑞斯邀請鮑林到他家裡參觀他自製的簡單化學器皿和他收藏的化學品。傑佛瑞斯把各種顏色的粉末混合起來製成溶液，然後吹出五顏六色的泡泡；他還向鮑林展示了他的拿手絕活，把食糖和氧化鉀攪和，然後滴入硫酸 —— 火焰一下子竄了出來。看到這一切，鮑林被徹底征服了，「現在回想起來，當時對自己觸動最大的就是意識到物質並不是永恆不變的……在化學中，事物可發生變化，發生令人驚訝的變化。」鮑林後來總喜歡把那天下午作為自己化學生涯的開端。

鮑林找到了自己的所愛。他飛奔回家，急不可待地要做些「化學實驗」。但他連最簡單的工具和化學材料都沒有。鮑林找了一些廢鐵絲，製作了一個架子，點燃酒精燈，開始了他的第一次化學實驗 —— 煮開水。遺憾的是，他把水裝在酒精燈的玻璃蓋子裡煮，結果玻璃炸了開來，狼狽不堪。這樣，他就有了第一次失敗的經驗，鮑林還不得不硬著頭皮向精神脆弱的母親解釋。然而，這就是一切偉大成就的起點，它所蘊含的意義遠遠超過實驗的結果。

在同學們一次小的科學聚會之後，鮑林開始對礦石產生了興趣。為了得到更多的知識，他從圖書館借閱了有關礦石的大量書籍，把書中闡述的性質仔細地抄下來，用實驗去驗證它們，並總結出各種性質之間的邏輯聯繫。他說：「在某種意義上，我那時已經開始成為一名科學工作者，儘管我還沒有經過任何嚴格的訓練。」他居住的那個地區礦石品種較少，因此他早期的礦石收藏是十分有限的。然而這是一個開端，此後他一直對研究晶體和礦石懷有濃厚的興趣。

鮑林沉湎於探索自然界的規律。他獨處一隅，對礦石仔細觀察、研究、試驗和分類，不斷地把未知轉化為已知。擺脫令人厭倦的生活瑣事，徜徉在自然界的規律中，這是他求之不得的事。他變得越來越愛問為什麼，對任何事物都要探個究竟。他的妹妹露西爾回憶說：「萊那斯一刻不停地思考，他的思維始終是非常活躍的，不斷地問這又問那，總想弄明白其中的原因。」她記得，一個冬天的早晨，他們一家在火車站等火車，他 12 歲的哥哥一本正經地對母親說：「媽媽，我已思索出你不覺得腳冷的原因了，你不停地走動，因此你的腳只有一半的時間接觸冰冷的地面。」這番話著實讓母親和兩個妹妹吃了一驚。

鮑林在高中時成績非常好，最喜歡數學和自然科學的課程。「我做得很好。我上課，做作業，非常愉快。只有當我沒有弄懂自己應該掌握的東西時，我才感到不高興。」鮑林這樣回憶說，「當時的我就像一個故事裡提到的小男孩維利。一次老師問維利：『2 ＋ 2 等於幾？』維利回答說：『4』老師稱讚說：『很好，維利。』而維利卻說：『很好？不，不只是很好，是完美！』我之所以喜歡數學，就是因為你可以達到完美的境界；而在拉丁語或其他語言的學習中，實際上是做不到完美的。」

與鮑林對科學的興趣比起來，與人打交道使他覺得並不那麼愉快。他的年紀和身材比同班同學小，在體育活動方面無法與別人競爭，再加上書呆子氣和特別害羞的性格，鮑林所交的朋友很少。在中學時他沒與任何女孩約會，這一方面是因為他沒有那麼多錢，同時也由於他認為自己的長相無法獲得女孩們的青睞。在女孩面前他說不出話，而面對男孩，他又不願說話。他後來常講：「我始終不善於和別的孩子玩耍打鬧，通常是自己一人獨處。」在鮑林高中就讀的班上，共有師生 20 多人，但是只有 3 個人記得他。自然地理課老師格波勒能記得當時班上的許多學生，鮑林算是她教過的最有名的一位了，可是她卻怎麼也想不起來教過鮑林這個學生。鮑林在中學時沒有加入科學俱樂部，也沒有加入其他任何俱樂部。

鮑林高中讀到一半時，為了能更快地幫助家庭並取得自我獨立，他下決心走自己的生活道路。他和朋友賽門合開了一所化學實驗室，在名片上自封為化學家。但他們太年輕了，沒有人願意相信他們，生意很快就失敗了。之後鮑林又在電影院做過放映員，還做過照片沖洗的工作。這些經歷使鮑林明白，如果要成為一個化學家，就必須接受專業的訓練，包括大學教育。可惜他因為做生意缺課太多，被學校開除了！但鮑林從來沒有動搖過上大學的決心，傑佛瑞斯的叔叔和姑媽對鮑林給予了最大的鼓勵，他們告訴他：接受與自己能力相應的教育，是自己的責任。

蒼天不負有心人，1917 年 9 月，在不懈的努力下，鮑林收到了俄勒岡農業學院的錄取通知書，在大學裡，他更加不知疲倦的學習，由於學習出色還被校方聘請為老師，成了遠近聞名的「小教授」。

## 1.2.3《20 世紀的科學怪傑 —— 鮑林》一書的前言

鮑林是一位偉大的科學家，也是一個備受爭議的人物。《20 世紀的科學怪傑 —— 鮑林》一書的作者，美國作家哈格在此書的前言中是這樣寫的：

……

鮑林大步地走了進來，身材頎長，腰板挺直，頭戴一頂黑色貝雷帽，長長的白髮從帽檐下擠出來，形成一圈銀白色的鑲邊。他徑直向我走來，作了自我介紹。使我頗感意外的是，他隨即向我作了為時五分鐘的關於錫的化學鍵性質的個別小型講座。說句老實話，對量子化學我是門外漢 —— 我之所以被派去採訪會議，是由於我粗通醫學以及分子生物學 —— 儘管我對他所講的東西一知半解，他依然給我留下了深刻的印象。他喃喃有聲地進行著思考，不斷地提出新的想法，在講話的同時解決著種種理論問題。我被這個願意花費寶貴時間跟我討論科學問題的兩次諾貝爾獎得主征服了。他的專注讓我受寵若驚，他友好熱情的舉止也將我深深吸引。以後我才得知，在鮑林的眾多崇拜者中，大家都有這樣的印象。

……

鮑林從年輕時開始即被公認為一個科學奇才 —— 他 32 歲時即被選進美國國家科學院，成為其中最年輕的院士；36 歲時，即受命領導該院化學部 —— 並持續不斷地作出各種創造性貢獻達 60 年之久。

……

然而，鮑林在科學領域中的工作僅僅是他人生活動的一半。在其妻子海倫的深刻影響下，鮑林憑藉自己在科學領域的巨大影響，積極地參與了政治活動。他與愛因斯坦和西拉特都是核能科學家緊急委員會的成員。這個委員會成立於第二次世界大戰之後，成員不多，但被賦予阻止核武擴散的重大職能。後來對於美國政府的核武器政策，鮑林變得越來越直言不諱，並最終招致政治迫害，其中包括聯邦調查局對他長達 24 年的調查。他被剝奪了參與國家機密項目的資格，護照被吊銷。他失去了政府資助。他在報刊上被肆意詆毀，還受到來自美國參議院的侮辱性的指名恐嚇和威脅。面對這一切，鮑林勇敢地給予還擊。他撰寫文章，發表演說，還訴諸法律，其中包括影響廣泛的控告赫斯特報業集團，控告巴克利的《全國評論雜誌》以及控告國防部等案件。

到了 1960 年代早期，鮑林被很多人看作是這樣的一個人物：他敢於冒險、敏於直覺、桀驁不馴、富於魅力、不敬權貴、自強不息、自命不凡、我行我素，甚至到了有點傲慢的程度 —— 而且，他幾乎總是正確的。然而僅僅過了幾年，他卻聲名狼藉。在他獲得諾貝爾和平獎後不出幾個星期，他就受到來自政府機構的強大壓力。他只得停止政治活動，隨後很不愉快地離開了他 40 年來科學活動的基地 —— 加利福尼亞理工學院。到了大多數人考慮退休的年齡時，鮑林卻失去了從事學術活動的場所，成了學術界的一個流浪漢，在不同的學校之間漂泊謀生，直到最後創立了自己的研究所，專門研究營養學和醫學。到了 1970 年代早期，由於大力宣傳大劑量維生素 C 的作用，他再次成為大眾注目的人物。他宣稱，服用大劑量維生素 C 有助於減輕各種病症，從普通的傷風感冒到癌症。他的這一論斷遭到了醫療機構的憤怒指責，而他以前的同事們不無擔心地注視著鮑林把自己的精力和金錢投入這種廉價營養輔助藥品的研發工作。在很多人看來，這是一場荒唐無謂的征戰。在隨後的 20 年時間裡，鮑林在科學界的形象從科技精英變成了一個行為孤僻的怪人。

然而到了 1980 年代末、1990 年代初，隨著新的證據的出現，人們對維生素 C 的作用有了更加全面的認識。這種認識儘管仍不十分清晰，卻對鮑林幾十年來宣傳的理論的正確性提供了日益有力的支持。

關於鮑林，存在著尖銳對立的意見，鮑林本人的生活經歷也充滿著矛盾和難解之謎 —— 他是一個天才，而他母親卻曾被關在精神病院裡；他是一個和平主義者，但同時又是穿甲彈的專利擁有者；他是一個忠誠的人道主義者，但對自己的子女卻到了幾乎漠不關心的地步 —— 這些也使你在寫作時無法做到不偏不倚。很多人，特別是很多科學家，過去經常宣揚科學研究是不受個人品格和周圍社會環境影響的創造性活動。我認為，這種觀點是不準確的。

……

# 1.3　倫琴從小就任性

透過現象看本質。事物的本質往往與其表象有所不同，無知者見到的只是外殼而已。你讓他看到內核，他才會醒悟。謊言總是捷足先登，傻瓜總被牽著鼻子走，因其愚蠢得不可救藥。真相總是伴著時間緩緩來遲。因此，審慎之人常會留一隻耳朵聆聽真相，他們共同的自然之母已睿智地賜予每人一雙耳朵。欺詐是淺薄的，因此膚淺之人才容易相信它。「謹慎」隱居於幽深之處，只有賢士和智者才去拜訪。

——《智慧書》（146）

威爾姆．康拉德．倫琴

—— 德國物理學家，世界上第一個獲得諾貝爾物理學獎的科學家

1845 年 3 月 27 日倫琴出生於萊納普。3 歲時全家遷居荷蘭並加入荷蘭籍。1865 年遷居瑞士蘇黎世，倫琴進入蘇黎世工業大學機械工程系，1868 年畢業。1869 年獲蘇黎世大學博士學位，並擔任了物理學教授孔特的助手；1870 年隨同孔特返回德國，1871 年隨他到符茲堡大學，1872 年又隨他到史特拉斯堡大學工作。1894 年倫琴任符茲堡大學校長，1900 年任慕尼黑大學物理學教授和物理研究所主任。1901 年 12 月 10 日榮獲諾貝爾物理學獎。

## 1.3.1 世界上第一個諾貝爾物理學獎

倫琴的主要科學成就是發現了 X 射線，故 X 射線又叫做倫琴射

線。1895 年 11 月 8 日，倫琴正在做陰極射線實驗。陰極射線是由電子流構成的，而電子流是透過放在一個幾乎是真空的玻璃管兩端的電極加高電壓產生的。陰極射線本身沒有特殊的穿透性，而且幾公分厚的空氣就能阻擋它。這次，他用很厚的黑紙把陰極管完全包起來，以便通電時，沒有光泄漏。然而，當倫琴在陰極通電時，他驚奇地看見，不遠處凳子上的一塊螢光屏幕在發光，好像是一束光造成的，他關掉試管，這塊塗有氰亞鉑酸鋇的屏幕就停止發光了。由於陰極射線管是被緊緊包裹著的，倫琴認識到，當電流透過試管時，一種看不見的射線從管子裡發射出來，他確信這個現象不是陰極射線造成的，因為它只能穿透幾公分厚的空氣，他斷定存在著一種新的射線。

一連七個星期反覆地進行驗證。他試驗過各種各樣的材料，幾千頁的書，厚厚的玻璃板，二三公分厚的木板，幾公分厚的硬橡膠……這種新射線都能穿透。有一次，當倫琴把手放到放電管和螢光屏幕之間的時候，他驚呆了：在螢光屏幕上看到自己的手完全變了樣，好像是拼湊起來的幾根黑糊糊的乾樹枝。當倫琴清醒地知道這乾樹枝就是他手指骨骼的時候，他激動得幾乎要跳起來。他立即回家把自己的發現告訴了妻子。據說當時妻子正在生他的氣，責怪他這麼長時間不回家，說他有意編造「發現」騙她。於是倫琴把妻子帶到實驗室，請她幫忙做個實驗。他讓妻子把左手放到放電管前面，然後把用紙包好的照相底片放在她的手後面，過了十幾分鐘，把底片一沖洗，獲得了一張手骨的照片 —— 世界上第一張人類活體骨骼的照片。妻子不解地問：「這是怎麼回事？」倫琴說：「這是一種穿透力很強的新射線作用的結果。」、「這種新射線叫什麼名字？」倫琴搖了搖頭回答說：「不知道，它是一個未知數，就叫它 X 射線吧。」

1895 年 12 月 28 日，倫琴用《一種新的射線 —— 初步報告》這個題目，向符茲堡物理學醫學協會作了報告，宣布他發現了 X 射線，闡述這種射線具有直線傳播、穿透力強、不隨磁場偏轉等性質。這一發現立即引起了強烈的反響：1896 年 1 月 4 日柏林物理學會成立五十週年紀念展覽會上展出 X 射線照片。1 月 5 日維也納《新聞報》搶先作了報導；1 月 6 日倫敦《每日紀事》向全世界發布消息，宣告發現 X 射線。這些宣傳，轟動了當時國際學術界，論文《初步報告》在三個月之內就印刷了五次，立即被譯成英、法、意、俄等國文字。一月中旬，倫琴應召到柏林皇宮，當著威廉皇帝和王公、大臣們的面作了演示。X 射線作為世紀之交的三大發現之一，引起了學術界極大的研究熱情。據統計，只是 1896 年一年，世界各國發表的相關論文就有一千多篇，有關的小冊子達五十種。

X 射線可以被用來做牙科診斷，也可以用做放射治療，X 射線可以破壞惡性腫瘤或抑制它的發展。在工業上，X 射線可以用來測量某些物質的厚度或者發現暗藏的裂痕。X 射線還被應用於其他的科學研究領域，尤其是它給科學家提供了有關原子及分子結構的大量知識。

倫琴因患腸癌，於 1923 年 2 月 10 日去世，終年 78 歲。為了永久紀念這位偉大的物理學家，德國人民在柏林市的波茨坦橋上豎立起倫琴的青銅塑像。國際學術界還作出決定，用「倫琴」來命名 X 或 γ 射線的照射量單位。

## 1.3.2 勒令退學

倫琴出生時，母親已經 39 歲，父親也已經 44 歲了，而且倫琴是家中唯一的孩子。中年得子加上獨生子女，父母對倫琴的溺愛可想而知，因此倫琴從小養成了任性和放縱的習慣。

在母親的強烈堅持下，倫琴被送到荷蘭的烏得勒支就讀中學。烏得勒支中學是一所注重學習和教養的學校，教學的重點是希臘語和拉丁語等古典語言學。一個班裡最多 20 個學生。有嚴格的考試制度，畢業非常難。倫琴在學校的成績屬於中等，他愛好的是體育、釣魚、組裝和拆卸機械等。

舊萊茵河的大支流伯圖河是釣魚的好地方。倫琴經常和同班同學卡萊魯一起，到河邊去釣魚。但是政府為了保護生物，禁止在此釣魚。特別是對於中學生，有嚴厲的規定。但是那些規章制度對倫琴來說從來都沒有用，一想到沐浴著溫暖的陽光，垂浮獨釣的那種悠閒自在的心情，尤其是想到釣到魚時，從漁竿傳到手上的振動以及看到魚兒閃耀著的銀光時，那些規章制度早就被拋到九霄雲外了。

有一天，倫琴正在一個人專注地釣魚，「啪」的一聲，有人拍了一下他的肩膀，倫琴嚇了一跳，回頭一看，原來是一個白髮蒼蒼的老紳士站在倫琴的身後。他就是生物學教授富連代爾老師。富連代爾微笑著說：「倫琴，今天打算在這裡吃午餐啊？」

倫琴低頭不語。

「或是怕學希臘語而溜出來的吧？」

富連代爾老師並沒有批評他的念頭。他認為孩子熱衷於釣魚，不一定是壞事，但制度畢竟是制度。

「啊！你不打算餵養這些釣上來的魚吧？那麼收起漁竿，把已經釣上來的魚放回河裡去吧！」

倫琴聽到老師並沒有責怪他的意思，就放了心，乖乖地把魚放了回去。富連代爾老師沒再說什麼，慢慢地向學校方向走去。

在比較嚴厲的老師們當中，富連代爾老師有點特別。他總是那樣穩重，從來不過問那些細小瑣碎的事情。但對倫琴提出的許多細小而囉嗦的問題，他卻總是給予耐心的解答。還時常說：「更複雜的問題，現在還不清楚，有待你們去解決它！」說完微微地一笑。

但倫琴並不是每次都像遇到富連代爾那樣幸運。倫琴的父親一直希望倫琴能拿到高中畢業證書，然後回去接手紡織店的生意。然而一樁突如其來的事件卻打破了父親的計劃。

1862 年，17 歲的倫琴在烏得勒支高中讀 4 年級，同班頑皮的毛因斯在教室的屏風上畫了一幅滑稽的大鼻子畫像，同學們正圍著這幅畫嘲弄那誇張的大鼻子，烏得勒支高中最嚴厲的圖貝爾博士走了進來。而這位嚴厲的希臘語老師正是這個大鼻子畫像的「原形」，同學們一哄而散，只剩下倒霉的倫琴還在大聲地笑著。

暴跳如雷的圖貝爾博士毫不留情地斥責了倫琴，他知道倫琴並不擅長畫畫，畫不出這樣惟妙惟肖的大鼻子，就叫他供出畫畫的人，否則就要嚴厲地懲罰倫琴。

「你的笑聲嘲笑了我，但只要你把這位藝術家的名字說出來，我就饒了你。」

「老師，對不起，不是我畫的。我知道畫畫的人，但是不能告訴你。」倫琴說。

「為什麼不能？」圖貝爾博士顯然不滿意倫琴的答案。

「圖貝爾老師，我認為告密是卑鄙無恥的，我不願意當一個卑鄙無恥的人。」

憤怒的圖貝爾博士把目光轉向其他提心吊膽的同學，怒吼道:「犯錯誤的人站起來！」誰也沒有站起來，沒有人願意擔責任。

第二天，倫琴接到了學校給他的通知：勒令倫琴從烏得勒支高中退學！

無論倫琴認為學校的決定多麼不公平，他不得不接受退學的現實。這不僅意味著父親對他期望的落空，對倫琴自己來說沒有拿到高中文憑而不能報考大學，才是最令他沮喪的。

父親得知倫琴被開除後，來到荷蘭接倫琴回德國。見到倫琴，父親說:「所以荷蘭不行，還是在德國受教育好。我準備把你領回家，再讓你當家裡商店的祕書。你要是不願意，就找一個工廠去當學徒也可以。」

但是倫琴自己並沒有放棄繼續學習的希望，他對父親說:「爸爸，我一定要當商人嗎？」

父親對倫琴這種嚴肅的態度感到吃驚，回答說:「你已經讀完了不是嗎。」

「我還有唸完高中的出路。在同情我的老師的調解下，已有了接受畢業考試的希望了，我想繼續唸下去。我沒有那張畢業證書，大學的門對我來說是關著的。」倫琴回答道。

幾個月後，倫琴參加了烏得勒支高中的畢業考試，但由於圖貝爾等一些老師的極力反對，倫琴還是沒有取得畢業的資格。之後倫琴離開令人傷心的烏得勒支，遷移到接近德國的小鎮阿培爾頓，在那裡的工業學校走讀。但學校只教授一些實用技術，不教任何理論，這令倫琴非常失望。

這是他一生中最黯淡的日子，20 歲的他似乎一事無成，而且前途渺茫。但倫琴並沒有放棄進大學讀書的信念，他等待著，直到卡萊魯跑來告訴他，瑞士新成立的蘇黎世工業大學不需要高中畢業證書也允許入學。倫琴立即和卡萊魯一起前往瑞士，報考了蘇黎世工業大學，並且順利地被錄取了。

倫琴在蘇黎世工業大學讀的是機械工程系。他在蘇黎世學習時，遇到了著名的物理學家孔特，孔特勸他放棄技術職業，專門從事純科學研究。這一勸告對他一生跋涉科學旅途發揮了決定性的作用。伯樂可以發現千里馬，但不是所有的千里馬都有機會遇到伯樂，即使被伯樂發現，不好好表現的千里馬，也會被當成普通的馬而碌碌無為一生。

## 1.3.3 倫琴：《科學家：名副其實的理想家》 —— 就任符茲堡大學校長時的演講

大學是科學研究和思想教育的園地，是師生陶冶理想的地方。大學在這方面的重大意義大大超過了它的實際價值。由於這個緣故，必須努力在既是卓越的老師又是卓越的科學研究者和科學倡導者之中，遴選碩彥之士，以補充職位的空缺。對於每一個認真工作的真正科學家來說，不論所治的學術部門如何，從根本上追隨純粹理想的目標，就是名副其實的理想家。本校師生自應以成為本校的成員而引為最大的榮譽。對於自己職業的光榮感是必要的，但並不是對職業的自命不凡、唯我獨尊或是學術壟斷 —— 所有這些都是由於對自己有一種錯誤的估計的緣故，而不是屬於一種為自己所獻身的職業所必不可少的感情，這個職業雖然賦予許多權利，但也要履行許多義務。只有如此，我們的大學才會被尊重，只有如此，我們對於這種學術自由的職業才能當之無愧，也只有如此，這種可貴的、不可或缺的權利才會保持下去……

實驗是最有力、最可靠的方法，能使我們揭開自然界的祕密，實驗是判斷假說應當保留還是應當放棄的最後鑒定。這種信念只是逐漸地受到人們的重視。把推論的結果與實際的實在來比較，幾乎總是可能的，而這就給從事實驗研究的工作者以所需的保證。如果結果與實在不相符合，即使引導到這個結果的推論很巧妙，它也必然是錯誤的。如果我們考慮到為了取得結果而需要巨大的腦力勞動和大量的時間，而在此過程中，許多美好的希望一定會破滅，那我們也許從這種必然性中可以看出某種嚴酷性。可是自然科學的探討者能有這種考核真偽的標準，是幸運的，雖然它有時也會帶來很大的失望。

## 1.4　受神話故事「引導」的克里克

與人同行是成為偉人的捷徑。交流大有好處：人們可以分享彼此的風格與品味，在不知不覺間，我們的判斷力甚至才幹都有所增長。讓毛躁之人與優柔寡斷之人交往，同樣，其他氣質之人亦應如此。這樣，無須苦心費力便能實現中庸。與人調和是一大藝術。相生相反，世界因之美麗，並不停地運轉 —— 這種對立既可讓物質世界和諧，更能讓精神世界融洽。以此原則選擇朋友或僱用僕人，可通融兩個極端，找到更有效的中庸之道。

—— 《智慧書》（108）

法蘭西斯 · 哈里 · 康普頓 · 克里克

—— 英國生物學家

1916 年 6 月 8 日生於北安普敦。1937 年獲倫敦大學學士學位。第二次世界大戰期間參加英國海軍製造磁性水雷的工作。1947—1949 年在劍橋斯特蘭奇韋斯實驗室工作。1949—1953 年在劍橋大學卡文迪西實驗物理學實驗室工作。在此期間和 J.D. 華生合作，提出了著名的 DNA 雙股螺旋學說。1953 年獲劍橋大學博士學位。1953—1954 年去美國布魯克林工業學院工作。以後回到英國醫學研究委員會劍橋分子生物學實驗室工作。1976 年去美國索爾克生物學研究所任研究教授，主要從事腦的研究。主要著作有：《驚人的假說》、《狂熱的追求 —— 科學發現之我見》等。

## 1.4.1 DNA

### 1. 生物研究

克里克對生物上的兩個問題很感興趣：(1) 分子是如何從沒有生命的物質變成有生命的生物的；(2) 大腦是如何產生思想的。

許多生物學家已經意識到，像蛋白質這樣的高分子很有可能是基因的根本。但是，蛋白質只是結構性和功能性的高分子，並且很多又是酶。1940 年代中期，生物學家們已經開始發現另一種高分子，去氧核醣核酸（DNA），染色體的另一個重要組件，也有可能是基因的根本。細菌可以給基因添加 DNA 分子而造成基因表現型的不同；DNA 也可能只是給更重要的蛋白質分子提供基本的框架而已。正在這時，克里克在 1949 年參加了劍橋大學佩魯茨的研究小組，並開始用 X 射線來研究蛋白質結晶。

### 2.X 射線結晶學

克里克自學了 X 射線結晶學的數學理論基礎。在這段時間內，劍橋大學的研究員正在嘗試著確認蛋白質的最穩定的螺旋鏈模型 —— α 螺旋。鮑林是第一個發現 α 螺旋中氨基酸：旋轉＝ 3.6 的比例的。克里克目睹了他的同事在研究 α 螺旋中所犯的錯誤，並在研究 DNA 的結構中成功地避免了類似的情景。

### 3. 雙股螺旋形結構

1951 年，克里克與科克倫和凡德一起推出了螺旋形分子的 X 射線繞射的數學理論。從這個數學理論得出的結果和認為含有 α 螺旋的蛋白質的 X 射線實驗結果正好吻合。此結果在 1952 年的一期自然雜誌裡發表，螺旋體繞射理論對研究 DNA 的結構很有幫助。

從 1951 年底開始，克里克開始與華生一起在英國劍橋大學的卡文迪西實驗室裡工作。他們利用倫敦國王學院的威爾金斯、葛斯林和富蘭克林等人的 X 射線繞射的實驗結果，一起推出了 DNA 的螺旋形結構模型，並在 1953 年發表結果。1962 年，華生、克里克和威爾金斯被授予諾貝爾醫學獎。

## 1.4.2 「女人」真的存在嗎？

克里克的父母對科學可以說是一無所知，他的父親經營著祖父開辦的一個生產皮鞋和靴子的工廠。克里克最早開始對於周圍世界的認識是從父母買的一部兒童百科全書獲得的。這是一套系列出版物，在每一期中包括藝術、科學、歷史、神話、文學等方面的內容。雖然它們都很有趣，但最使克里克感興趣的是科學和神話部分。宇宙是什麼樣的？原子是什麼？生物是怎麼長大的？真的是上帝創造了人嗎？那些神話故事中的人物都真實存在嗎？克里克從中汲取了各種知識，並為知道了超出日常經驗、出乎意料的答案而洋洋得意。在很小的時候，克里克就已經下定決心要成為一名科學家。

小學畢業後，克里克先後在北安普敦語法學校和北倫敦的密爾山中學讀書。密爾山中學是一個私立男子學校，主要收寄宿生。克里克的父親和父親的三個兄弟都曾在此上過學。這個學校科學方面教得很好，克里克在物理、化學、數學方面打下了良好的基礎。但總的來說，「我的正規教育沒有多少特殊之處。」克里克後來寫道。

克里克對純數學不太感興趣，他只對數學的結果感興趣。雖然克里克喜歡優美的簡單證明，但嚴格的證明對他並沒有吸引力。克里克開始時對化學的熱情也不高，那時教給中學生的化學像是一套處方，而不大像科學。後來克里克讀到了鮑林的普通化學時，才覺得它很吸引人，而且對化學實驗著了迷。克里克開始在家裡做試驗。他嘗試製造新的混合材料，比如人造絲，但是失敗了。他還在瓶子裡放一些混合物，通電讓它們爆炸，很是壯觀，但他不知所然。克里克父母當然很擔心，於是他們和克里克達成了折中的辦法：把瓶子放在水池裡再去引爆。

克里克也很喜歡植物，他在學校裡曾因採集野花而獲獎。他採集的野花種類比誰都多，但這除了更加用心，也是因為同學們都住在鎮上，而克里克住在鎮邊的緣故。因此克里克接受獎品的時候感到有點問心有愧，但還是毫不猶豫地接受了它 —— 一本關於吃蟲植物的書。克里克還編寫和油印過一本小小的期刊，很受父母和同學們的歡迎。克里克後來寫道：「除此以外，我不記得還有什麼表現出『少年早慧』或者真正出色的事。我的數學非常好，但我自己從未發現過什麼重要定理。總之，我對世界充滿好奇，有邏輯頭腦和進取心，只要有興趣就願意去做。如果說我的缺點，那就是當我能輕易地領會一件事時，我就認為已經徹底懂得它了。」

在克里克所讀的中學，有醫學 6 年制預科，是為考醫學院的學生準備的，因此有一門醫學生物課。克里克學得並不是很認真，但他很願意了解與此相關的知識，他閱讀了一些這方面的書籍，比如孟德爾有關遺傳學的原理等，這些都是學校裡不教的。

克里克全家都會打網球，克里克的父親還曾連續好幾年代表北安普敦海岸隊參加比賽，有一次還參加了溫布頓的比賽。克里克當時也非常迷戀網球。在學校的最後兩年，克里克還參加過學校的網球隊。但中學畢業後他就逐漸失去了對網球的興趣。

克里克的父母對於宗教的信仰很一般，家裡沒有祈禱的儀式，他們只是星期天早上到教堂去，克里克和弟弟也跟著一起去。作為一個孩子，克里克把這當作他們生活方式的一部分完全接受了。但是他後來回憶說：「我記不清究竟從什麼時候開始，我失去了早期的宗教信仰。我想大約是在 12 歲，肯定是在青春期開始之前。我也記不清是什麼事情使我的觀點發生了根本改變。我記得我對母親說，我不願再去教堂了，顯然她對此很生氣。我想，可能是我對科學的興趣的增長……不管是什麼原因，從那時起我就成了一個宗教上的懷疑論者，強烈地傾向於無神論。」

但這並沒有影響克里克在學校裡參加基督教禮拜儀式，特別是在克里克後來上的寄宿學校，學生們被迫每天早上做一次禮拜，星期天兩次。第一年克里克甚至在唱詩班，唱到嗓子啞了為止。而且總是有牧師語重心長地布道。好在這只是對中學生講的，所以是很短的，多數是道德方面的勸勉。

克里克逐漸發現一些神話中的故事是很荒謬的，但他常常設想它們來源於某種合理的根據因而並不去深究，有時這使他產生毫無根據的猜想。例如克里克熟知聖經上講的上帝用亞當的一根肋骨造出夏娃的故事。男人和女人或許有可能在生理學的一些方面不同，所以似乎可以猜想男人比女人少一根肋骨。如果古時候人們知道這一點，便會相信這根缺少的肋骨是用來造夏娃的，神話也就這樣流傳下來了。但克里克沒有想去檢驗這個古怪的猜想是否符合實際。直到幾年以後，克里克無意中對一位醫學院的朋友談起他猜想男人比女人少一根肋骨。使克里克驚訝的是，這位朋友對此不同意，而且反應強烈。他問克里克為什麼會這樣想。當克里克向他解釋理由時，他笑得差點從椅子上摔下來。克里克這才體會到對待神話不能那樣認真。

他後來寫道：「我失去宗教信仰以及對科學興趣的增長，對我後來的科學事業無疑具有重要的影響。這不是指日常生活方面，而是認為什麼樣的問題是有興趣的，什麼樣的問題是重要的，從而作出選擇。我早就認識到，詳細的科學知識會使宗教信仰站不住腳的。」

## 1.4.3 華生和克里克

### 1. 華生與克里克一起榮獲諾貝爾獎

華生在大學畢業後，主要從事動物學的研究，克里克則是一位對數學和物理十分感興趣的科學家，一段時間的偶然合作，使得華生和克里克對去氧核醣核酸的分子結構產生了濃厚的興趣，並經過周密、細緻的研究測算，提出了「華生 - 克里克雙股螺旋模型」。根據這個模型，人們馬上便可說明 DNA 是怎樣既作為一個穩定的晶體分子而存在，同時又為變異和變異提供足夠的物質和結構基礎。

華生和克里克對 DNA 雙股螺旋結構的闡述，被公認是 20 世紀生物學上最偉大的成就之一，並引發了許多分子生物學和遺傳學的新發現、新成就。

### 2.DAN 雙股螺旋結構的發現

年僅 25 歲的華生和比他僅年長 10 歲的克里克在 1953 年 4 月 25 日透過著名的《自然》雜誌向全世界宣布他們發現了 DNA 的空間結構，即 DNA 雙股螺旋結構。

1951 年秋天，華生以美國公派博士後身分從哥本哈根轉到英國劍橋。正如華生所說，他是為著 DNA 而去的。華生師從美國微生物學家努里亞，到歐洲以前做的是細胞遺傳研究。1951 年春天在那不勒斯一個關於生物大分子的結構的會議上他偶然知道了英國倫敦皇家學院的物理學家威爾金斯正在研究 DNA 的結構，這使他產生了到英國做 DNA 研究的念頭。克里克是英國物理學家，1946 年他閱讀了著名的量子物理學家薛丁格的《生命是什麼》一書，對基因產生了很大興趣。當華生和克里克在英國劍橋大學卡文迪西實驗室相遇時，克里克正在研究蛋白質晶體結構。華生和克里克的共同點是他們都由對基因著迷進而對 DNA 發生強烈的興趣，他們相信弄清楚 DNA 結構就能揭開基因遺傳分裂的祕密。

當時已經知道 DNA 由核酸組成，並且美國細菌學家埃弗里已經完成了 DNA 轉化細菌的實驗，基本確定了 DNA 是遺傳物質。世界上已有幾個實驗室正在角逐看誰先發現 DNA 結構，不過這些研究者都不是生物學家，其中一個就是威爾金斯領導的小組，他們使用 X 射線繞射作為主要研究方法，並且已經獲得了 DNA 繞射照片。此時遺傳學家們則仍沉迷在雜交或微生物遺傳實驗中，對 DNA 結構沒有多大的興趣。兩個年輕人被 DNA 的結構之謎強烈地吸引著，只是他們沒有像其他人那樣做試驗，一是卡文迪西實驗室當時主要在做蛋白質的晶體結構研究，不可能為他們挪出空間，而且正如華生估計，成立一個 DNA 的 X 射線繞射小組至少要二到三年的時間。幸運的是兩位年輕人的合作體現了生物學和物理學的完美結合，華生對生物結構獨有的認識加上克里克對 X 射線繞射分析的知識，使他們很快理解了當時所能得到的關於 DNA 的結構的各種數據，包括 X 射線繞射照片。現在的問題是怎樣利用這些數據揭示出 DNA 結構？

華生和克里克討論了美國化學家鮑林是如何發現蛋白質的 α 螺

旋的，華生注意到鮑林成功的關鍵是他並不僅僅靠研究 X 射線繞射圖譜，相反的，其主要方法是用一組分子模型來探討分子中原子間的關係。在這一啟示下，華生用硬紙板和金屬構建了一些模型來解釋所觀察到的事實。他們特別注意到四個證據：第一是 DNA 分子是細而長的多聚物，含有 4 種鹼基和磷酸鍵；第二是查加夫法則，即 A = T，G = C；第三是 DNA 分子內存在弱鍵，經過純化的 DNA 能形成一種黏稠的溶液，好像雞蛋清一樣，但是一加熱，DNA 溶液的濃度就會降低。由於中度加熱時，糖的磷酸骨架的共價鍵不會被破壞，因此加熱時 DNA 溶液的物理性質的改變意味著一系列弱的化學鍵被破壞，這些弱鍵對維持 DNA 的正常結構可能是非常必要的；第四是鮑林發現多肽鏈透過氫鍵扭成 α 螺旋，氫鍵是一種可以透過適度加熱而破壞的弱鍵。鮑林曾由此推測 DNA 可能形成如 α 螺旋那樣的結構。這時倫敦皇家學院的威爾金斯和富蘭克林各自拍攝的 DNA 的 X 射線繞射照片提供了有關 DNA 螺旋結構的進一步證據。那兩張照片比以往任何照片都好，各個繞射斑點清晰可見。由於 DNA 是巨大複雜的分子，它的 X 射線繞射照片分析起來非常困難。富蘭克林嘗試過，她猜測到圖中的陰影部分和標記部分可能意味著 DNA 是一個螺旋體，其中磷酸骨架在外，分子的平均直徑約是 2.0 奈米，她甚至還估計了這樣一個螺旋體中相鄰螺圈 IN 的距離。

守著各種各樣的證據，華生和克里克開始構建 DNA 三維模型，他們設計了經過精確度量的模型，評價模型解決複雜的三維空間問題的能力。建了拆，拆了建。模型的建立過程是對華生和克里克的意志和能力的考驗。兩位科學家回憶當年的情景時寫道：我們就是這樣，不用筆和紙，關鍵的工具是一套用來裝配學前兒童玩具的模型。用這樣的工具他們製作了由單個核苷酸組成的模型，計算模型中原子的大小，鍵長和鍵角等。工作非常冗長乏味和令人沮喪，因為至少有十幾種方式可以讓鹼基，磷酸和核醣結合在一起。

一開始，沒有一個模型能與所觀察到的數據和標準一致。由X射線繞射圖測量到的數據提供了DNA的兩個重複性特徵：一個是3.4奈米的週期性，另一個是0.34奈米的週期性。華生和克里克推測0.34奈米可能是核苷酸鹼基堆積的距離，他們試著在紙板模型上把分子排成這樣的螺旋形：長3.4奈米，寬2.0奈米。紙板模型上A和T相對，G和C相對，這就是關鍵：兩套鹼基堆積在雙股螺旋的內側，它們排列的方式非常像梯子上的橫木，磷酸基團和糖環排在梯子的外面。DNA不是單螺旋，而是兩條鏈彼此纏繞的雙股螺旋。華生和克里克搭成的第一個完整的DNA分子模型清楚地顯示出含氮的鹼基精確地配置在雙軌之間，由於鹼基的契合，雙股螺旋梯子扭轉產生了一個有著3.4奈米重複的螺旋。如果將一對雙環狀嘌呤並排在直徑只有2.0奈米的雙軌間，螺旋體就顯太小，讓兩個單環的結構並排，螺旋體又顯太大。唯一的方式是一個嘌呤透過氫鍵結合一個鹼基，而且必須是A與T結合，G與C結合，這正是查加夫法則！接下來的另一個問題是，如果鹼基配對限制在A＝T和G＝C，那麼DNA如何攜帶多種多樣的遺傳訊息？這就是華生和克里克的另一傑出推理，即四種鹼基沿螺旋長軸的排列是隨機的。根據這個推理，A＝T和C＝G可以存在於分子的任何序列中，也就是說有大量的可能序列來編碼各種蛋白質。實際上，種間和種內所有的分化上的差異都反映在A＋T／G＋C的比例和A～T的順序上。DNA分子非常長，一個物種又有自己的全套染色體，可供配對的核苷酸鹼基對的數目是特別大的。例如人有 23 對染色體，共有 30 億對鹼基，可以組成無數個序列，因此每個人只有一種特定的序列是完全可能的。

DNA 的雙股螺旋模型令所有的生物學家們嘆為觀止，它解釋了迄今為止所觀察到的 DNA 的一切物理的和化學的性質，它說明了 DNA 為什麼是遺傳訊息的攜帶者，說明了基因的複製和變異等。克里克曾滿懷深情地這樣講起他心愛的 DNA：有一種內在美存在於 DNA 分子中，DNA 是一個有模有樣的分子。1962 年，華生和克里克因構建 DNA 雙股螺旋模型與威爾金斯和富蘭克林共同獲得諾貝爾獎金，威爾金斯的貢獻是他在 X 射線繞射方面的研究，富蘭克林的貢獻是她提供了關鍵參數。不過富蘭克林 1958 年就去世了，當時她只有 37 歲。

DNA 雙股螺旋結構的發現標誌著科學家們終於摸到了山的「金脈」，一門新興的學科 —— 分子遺傳學在此基礎上產生了，而且該學科是目前最重要和發展最快的學科之一。

## 1.5　大家「公認」的天才胚子薛丁格

天生為王。這是一種神祕的特異力量，不是來源於技巧，而來自於天生的支配力。人們會不明就裡地臣服於此人的腳下，拜服於這種權威的神祕力量。這種天生的王者有君王的資質，有如雄獅般的特殊才能。他們使人敬畏、甘心臣服。假如他們還有其他特質，那麼他們天生就要成為國家的風雲人物。他的一個手勢所造成的影響，遠勝於別人的長篇大論。

——《智慧書》（42）

埃爾溫．薛丁格

——1887年出生於奧地利的維也納

奧地利物理學家量子力學的創始人

1906 年薛丁格進入維也納大學物理系學習，1910 年取得博士學位，在維也納大學第二物理研究所工作。1921 年任瑞士蘇黎世大學數學物理學教授。1927 年接替普朗克到柏林大學擔任理論物理學教授，並成為普魯士科學院院士。1933 年，因納粹迫害，薛丁格移居英國牛津，在馬格達倫學院任訪問教授。同年與狄拉克共同獲得諾貝爾物理學獎。薛丁格晚年定居在愛爾蘭。1956 年，薛丁格返回維也納大學物理研究所，獲得奧地利政府頒發的第一屆薛丁格獎。1961 年 1 月 4 日，他在奧地利的阿爾卑巴赫山村病逝。薛丁格的肖像曾經印在奧地利的鈔票上。主要著作有：《波動力學論文集》、《生命是什麼》、《生命是什麼 —— 活細胞的物理學觀》、《科學與人文主義》、《大自然與希臘人》、《科學理論與人》、《心與物》、《我的世界觀》和《自然規律是什麼》等。

## 1.5.1 量子力學第一人

在蘇黎世大學任教期間，薛丁格主要研究有關熱學的統計理論問題，寫出了有關氣體和反應動力學、振動、點陣振動（及其對內能的貢獻）的熱力學以及統計等方面的論文。他還研究過色覺理論，他對有關紅 - 綠色盲和藍 - 黃色盲頻率之間的關係的解釋為生理學家們所接受。

1913 年與科爾勞施合寫了關於大氣中鐳 A（即 $^{218}$Po ）含量測定的實驗物理論文，為此獲得了奧地利帝國科學院的海廷格獎金。第一次世界大戰期間，他服役於一個偏僻的砲兵要塞，利用閒暇研究理論物理學。戰後他回到第二物理研究所。1920 年移居耶拿，擔任維恩的物理實驗室助手。

1925 年底到 1926 年初，薛丁格在愛因斯坦關於單原子理想氣體的量子理論和德布羅意的物質波假說的啟發下，從古典力學和幾何光學間的類比，提出了對應於波動光學的波動力學方程式，奠定了波動力學的基礎。利用人們稱之為薛丁格方程式的方法來處理電子，得出了與實驗數據相符的結果。1926 年上半年，他一連發表了四篇論文，題目都是《量子化就是本徵值問題》，系統地闡明了波動力學理論。

在此以前，德國物理學家海森堡、玻恩和約爾丹於 1925 年 7—9 月透過另一途徑建立了矩陣力學。1926 年 3 月，薛丁格發現波動力學和矩陣力學在數學上是等價的，是量子力學的兩種形式，可以透過數學變換，從一個理論轉換到另一個理論。

薛丁格起初試圖把波函數解釋為三維空間中的振動振幅，把能量解釋為電荷密度，把粒子解釋為波包。但他無法解決「波包擴散」的困難。最後物理學界普遍接受了玻恩提出的波函數的機率解釋。

1927—1933 年接替 M. 普朗克任柏林大學物理系主任。因納粹迫害猶太人，1933 年離德到澳洲、英國、義大利等地。1939 年轉到愛爾蘭，在都柏林高級研究所工作了 17 年。1924 年，德布羅意提出了微觀粒子具有波粒二象性，即不僅具有粒子性，同時也具有波動性。在此基礎上，1926 年薛丁格提出用波動方程式描述微觀粒子運動狀態的理論，奠定了波動力學的基礎，因而與狄拉克共獲 1933 年諾貝爾物理學獎。1944 年，薛丁格著《生命是什麼》一書，試圖用熱力學、量子力學和化學理論來解釋生命的本性。這本書使許多青年物理學家開始注意生命科學中提出的問題，引導人們用物理學、化學方法去研究生命的問題，使薛丁格成為蓬勃發展的分子生物學的先驅。

## 1.5.2「老師，您真的相信嗎？」

薛丁格的外祖父亞歷山大・拜爾曾任樞密官（相當於州議員），也曾從事化學實驗和教學工作，在維也納頗有影響；父親魯道夫經營一間規模雖小卻頗有收益的油布工廠，從事油布批發生意。薛丁格是家裡唯一的孩子，那時候獨生子女的情況並不多，所以薛丁格從父母那裡得到的寵愛遠遠超過同齡人。而且多年來他從兩個姨媽那裡得到的關愛不亞於他的父母，此外他還得到一些年輕女僕和護士的照料，這些人都認為薛丁格是個天才胚子，值得大家來寵愛。這樣一個充滿溫柔、關愛以及女性體貼的氣氛下成長起來的薛丁格，無疑常常以天才自居，並期待著有一天能得到應有的承認。

1898 年秋，11 歲的薛丁格輕而易舉地考入維也納中學。薛丁格在中學的生活相當愉快。「我是個好學生，科科優秀。我喜愛數學和物理，但也喜歡古代語法的嚴密邏輯，只是討厭死記硬背相關的年度和細節。我喜歡德國文學家，尤其是劇作家，但是厭惡對他們的作品做研究式的繁瑣分析和考證。」對薛丁格來說，功課只是小菜一碟，他仍有充足的時間做其他事情。

從考進中學到 1906 年畢業，薛丁格在班裡總是獨占鰲頭。後來他的同學回憶他道：「我不記得有這位佼佼者回答不出老師問題的時候。我們都知道他確實是在課堂上掌握了老師講授的全部知識而絕不是死記硬背埋頭讀書的人，特別是在物理學和數學中，他有著天才的領悟力，無須透過作業，在課堂上就能立刻理解老師所講的東西，並加以運用。在最後三年中，教這兩門課的諾伊曼老師常常會在講完當天的課程後，把薛丁格叫到黑板前，讓他解答問題，他呢，簡直就跟玩遊戲似的輕鬆極了。對我們一般學生來講，數學和物理真是可怕，而這兩門偏偏是他偏愛的知識領域。」

如果以為天才是坐在閣樓上做一番幻想就取得了學業進步，那就大錯特錯了，事實上，薛丁格從未少做任何家庭作業。在家裡，如果有人問他在哪裡，回答總是一成不變的，「他在樓上自己的屋子裡學習呢」。在當時的維也納籠罩著濃厚的宗教氣氛，每所學校都教授一些宗教課程。薛丁格所在的中學也不例外，每週有兩個下午，薛丁格要在學校聆聽路德教的訓誡。薛丁格後來說：「從那裡我學到了很多東西，可惜不是宗教。」在聽完《聖經》故事以後，他總愛問這樣一個問題：「老師，您真的相信嗎？」薛丁格對於宗教信仰和宗教實踐漠不關心，甚至充滿敵意。然而他對聖徒和神祕主義者卻極其尊重（從某種意義上說，這些人是最純粹的信教者，他們代表著對世俗宗教權威的反叛精神）。所以說，薛丁格真正厭惡的是教會的歷史，而不是教會的信仰。

當時有一門課沒有列入課程表中，就是達爾文的演化論。在宗教課上它會作為一種異端邪說被一筆帶過。在與父親散步和採集植物標本的過程中，薛丁格後來回憶說：「關於他的植物學基礎，我父親告誡我要謹慎對待。天擇和適者生存尚未同德弗里斯的變異理論融為一體。我不明白，為什麼比起植物學家來，動物學家更堅信達爾文主義。我父親的朋友，自然歷史博物館的動物學家漢德勒施議員認為發展是一個因果過程，而不是『定局』，沒有大功告成這回事。」薛丁格很快就相信了這種觀點，「我自然而然地成了一名忠實的達爾文主義者，直到今天，仍然初衷不改。」

薛丁格在中學時最好的朋友是雷拉。雷拉家在瑟莫靈的基堡城堡有一個鄉村旅館，薛丁格常常在那裡渡假。旅館周圍是廣袤的森林，在旅館中可以欣賞城堡的美景。兩個男孩都是滑雪愛好者和登山愛好者。外公拜爾早就發現瑟莫靈風景優美，他最喜歡攀登瑟納維登斯坦山，小鎮就隱藏在高山之中，薛丁格和雷拉經常尋找著外公 40 年前在樹皮上刻的路標前進。

此時，瑟莫靈還有另外一種吸引力，遠遠超過登山的誘惑，這就是雷拉的妹妹維碧。薛丁格後來談到：「我永遠地愛上了她。」維碧的美麗富有義大利韻味，雙眸黝黑，卓越多姿。按照當時的社會標準，一個十幾歲的孩子的愛戀只能是遠遠地仰慕，最多擁著心愛的人跳一曲華爾茲，如果有機會或許還能輕輕吻一下 —— 這是雙方接觸的底線了。但是，維碧是校友的妹妹，是不可褻瀆的，薛丁格連小小的戀愛動作都不敢做，更親密的關係只有到夢裡去尋找了。在中學的幾年裡，除了聖誕夜，薛丁格的聖誕節假期幾乎都是在雷拉家度過的，他對維碧的傾心已經遠遠超過了「嚮往」，從而陷入了一種難以自拔的困惑中。這段痛苦的感情經歷，在薛丁格靈魂裡打上了深刻的烙印。

薛丁格另一項主要的愛好是看戲。當時維也納劇院正處在歷史巔峰，位於靈街的霍夫伯格劇院上演了許多偉大戲劇詩人的作品。被許多評論家認為是歷史上最出色的演員之一的肯茨在這裡扮演了很多極負盛名的角色，再加上容不得半點草率馬虎的維也納觀眾和評論家，霍夫伯格劇院成為欣賞藝術的絕佳去處。薛丁格喜歡這個劇院，只要有空就去，有時一週兩次，並且認真地將表演記錄下來。這樣一來，薛丁格就有了間接體驗羅曼蒂克的機會，也彌補了他悸動的心靈中愛情這方面的不足。對於年輕人來說，劇院上演的愛情悲喜劇確實令人激動，它們讓薛丁格認識到書本和理論並不能完全代表生活，生活更像一個感情、思想、行為交互影響的混合體。正如茨威格所說，劇院不僅僅是表演的舞臺，更是奧地利社會的縮影。

1906 年，薛丁格以大學預科資優生的身分進入維也納大學，從而再次印證了「他是天才」的預言。

## 1.5.3 薛丁格：《科學思想泛論》

我們剛才討論過的那個基本的真理意境含有一個觀念，雖則表達得不完全而且一般化，卻比較容易為現代科學思想所吸收；那就是，一系列由遺傳連接起來的個體，從一個到另一個的繁殖行為，實際上並不是肉體和精神生命的中斷，而只是其緊縮的表現，正由於此，所以當我們談到我的意識和我祖先的意識的同一性時，這跟我說我在熟睡以前和熟睡以後的意識是同一個意識的意思大致是一樣的。通常不承認這一事實的理由，是後一例中有記憶存在，而前一例中卻顯然一點沒有。但是今天大多數人們不得不承認至少在許多動物的本能中，我們所看到的恰恰就是這種超個體的記憶。熟悉的例子包括以下這些：鳥類築巢，而巢總是和這一類鳥兒下蛋的多少和大小相符，然而這不可能是鳥兒的個別經驗得來的；又如狗在臨睡前「鋪床」，即使在波斯地氈上也會用腳去踏，就像在草原上把草踏平那樣。還有，貓要把自己的糞便埋掉，即使在木板或石板地上也企圖這樣做，這只能說明是防止被敵人或追捕的動物聞到它們的氣味。

要在人類中發現同樣的現象是比較困難的，因為人的內心總是意識到自己的行為，同時人們還堅信（在我看是錯誤的）只有完全不經過思想、完全不加考慮的行為才是本能的行為。因此，人們對強調事物主觀一面的描述，諸如物種記憶的存在，表示強烈的懷疑，並否認這一大堆現象對我們講的意識的連續性有任何證明價值。雖然如此，在人類和動物中一樣，確實有一種帶有強烈感情色彩的情結，並且毫不含糊地具有超個人記憶的痕跡：這就是兩性情感的初萌，兩性之間的親力或拒力，對性的好奇心和羞恥心，等等。在戀愛時的那種無法形容的又苦又甜的心情，特別是那種嚴格選擇對象的傾向，這一切最明顯地表明有一種只存在於個人意識內而不普遍存在於物種中的特殊記憶痕跡。

……

我的有意識生命視我的有機體組織，尤其是我的中樞神經系統的特殊結構和作用方式而定。但是這些結構和作用方式在因果關係上和遺傳關係上又視我之前就已存在的有機體組織的結構和作用方式而定，這些全都和有意識的精神生活相聯繫，而且這一連串的生理事件並沒有任何中斷的地方；相反，每一個這樣的有機體都是下一個有機體的藍圖，也是其製造者和材料，從而使它的一個部分長成為它本身的一個複本。請問在這一系列事件中，我們該把新意識的開端放在哪裡呢？

但是我腦子的特殊結構和形成的習慣，我的個人經驗，事實上，一切我真正叫做我的人格的 —— 這些肯定不是由我祖先的遭遇老早決定了的！如果後面這句話是指我個人的一系列祖先而言，那當然不是如此……因為，我稱之為我的較高級的精神自我的結構，在本質上確實是從我祖先的經歷那裡得來的，但這不是說它完全或主要地限制在我自己祖先這一範圍裡。如果我下面所要說的不僅僅是玩弄辭藻，那麼讀者就必須弄清楚這一點，即決定一個人的發展過程的是兩種因素：(a) 他的基因的特殊安排和 (b) 作用於他的特殊環境格局。讀者還必須知道，這兩種因素的性質完全相同，因為基因的特殊安排，以及它所包含的一切發展的可能性，都是在更早的環境影響下並主要依靠這些環境而發展起來的。現在你看，精神人格的湧現，環境的影響整個兒密切聯繫著，而這些影響又是同類成員（有的活著，有的死了）的精神人格直接造成的。而且要始終記住，我們這些科學家可以而且必須把所有這些「精神的」影響看作是別人的有機體組織對我們自己的有機體組織（就是說，我們的腦神經系統）直接限制和修正，因而這些影響在原則上和我們自己歷代祖先們在我身上引起的影響，並沒有什麼不同。

沒有什麼自我是獨立的。在每個自我的背後都拖著一條由肉體事件和作為整體的一個特殊部分的精神事件形成的長鏈，而且我就是這條長鏈的反映者和延續者。隨時透過自我的有機體，特別是它的腦神經系統的情況，同時透過教育、傳統，並由於語言、文字、文獻、習俗、生活方式、新形成的環境……一句話，透過千言萬語也講不完的事物，透過這一切，自我不僅僅和它的祖先的遭遇連起來，自我不僅僅是這一切的產物，而毋寧說，在最嚴格的意義上，它和這一切就是同一個東西：是這一切的嚴格的、直接的繼續，正如 50 歲的我是 40 歲的我的繼續那樣。

值得注意的是，雖然西方哲學家們幾乎普遍承認，個人的死亡並不意味著生命本質的終結；但除了柏拉圖和叔本華而外，幾乎沒有什麼哲學家考慮到和以上見解邏輯上密切相關的另一個更深刻、更親切和令人鼓舞的見解：那就是，個人的誕生也同樣如此，它並不表明我第一次被創造了出來，而只表明我好像是從酣睡中慢慢醒過來那樣。這樣一來，我就能看到，我的希望和努力，我的憂慮和恐懼，是同生活在我之前的千百萬人們的希望和努力，憂慮和恐懼一樣的，而我也可以希望千百年後我在千百年前的渴望得以實現。思想的種子只有作為我的某些祖先思想的繼續，才能在我裡面發芽。

……

# 1.6 讓「幻想」飛越空間的愛因斯坦

控制自己的幻想。有時你必須糾正幻想，有時你要促進幻想。這件事關係到我們是否幸福、是否理智。人的幻想可能橫行霸道，並不滿足於冷眼旁觀，而會影響並統治我們的生活。幻想能帶給我們歡樂，也會成為我們的負擔。這取決於它將我們引向何種荒謬。它可讓我們知足，也會讓我們對自己不滿。對某些人來說，幻想是不斷懲罰，是讓愚蠢之人苦修的鞭帶；對另一些人來說，幻想以快樂的錯覺來承諾幸福和奇遇。它什麼都能做，除非你能透過最謹慎的克制，而成為它的主人。

—— 《智慧書》（24）
阿爾伯特 · 愛因斯坦
—— 美籍德國物理學家

1879 年 3 月 14 日出生於德國烏爾姆小城。1900 年畢業於蘇黎世工業大學併入瑞士籍。1905 年獲蘇黎世大學哲學博士學位。曾在伯恩專利局任職。蘇黎世工業大學、布拉格德意志大學及蘇黎世工業大學教授。1913 年返德國，任柏林威廉皇帝物理研究所所長和柏林大學教授，並當選為普魯士科學院院士。1933 年因受納粹政權迫害，遷居美國，任普林斯頓高級研究所教授，從事理論物理研究。1940 年入美國籍。在物理學多個領域均有重大貢獻。其中最重要的是建立了狹義相對論（1905 年）；並在這基礎上推廣為廣義相對論（1916

年)。因理論物理學方面的貢獻，特別是發現光電效應，獲 1921 年諾貝爾物理學獎。主要著作有：《關於光的產生和轉化的一個啟發性觀點》、《分子大小的新測定方法》、《熱的分子運動論所要求的靜液體中懸浮粒子的運動》、《論動體的電動力學》、《物體的慣性同它所含的能量有關係嗎？》、《狹義相對論》、《廣義相對論》等。

## 1.6.1 得到諾貝爾獎不是因為相對論

愛因斯坦在科學上的主要成就有 5 個方面：

(1) 解決了液體中懸浮粒子運動即布朗運動的理論問題，提出測定分子真實大小的新方法。這一理論提出不久就為實驗所證實，致使原子論的主要反對者奧斯特瓦爾德公開承認原子的存在，從而平息了由實證論者挑起的歷時半個世紀的關於原子存在問題的爭論。

(2) 發展了量子理論。愛因斯坦所提出的光量子理論，首次揭示出微觀客體最本質的特徵在於波 - 粒二象性；他建立的受激輻射理論為 1960 年代出現的雷射技術準備了理論基礎。他對量子理論的研究促進了波動力學的建立，發展了量子統計理論。

(3) 創建狹義相對論。這一理論揭示了空間和時間、物質和運動的統一，否定了牛頓的絕對空間和絕對時間概念，是一個既適用於宏觀、低速，又適用於宇（微）觀、高速的運動理論。他還由此發現了質量和能量的相當性，為 1940 年代開始的核能技術開闢了道路。

(4) 創立廣義相對論，揭示了空間、時間、物質、運動的統一性，幾何學和物理學的統一性，並發現空間的結構和性質取決於物質的質量及其分布。該理論關於光線經過太陽重力場會發生彎曲的預言於 1919 年得到證實。

(5) 開創了現代宇宙學。他所提出的宇宙有限無界的假說，由後人發展成為宇宙膨脹理論和大霹靂宇宙學，深刻地改變了傳統的宇宙觀。1920 年代以後，愛因斯坦把主要精力用於探索統一場論，試圖把重力場和電磁場、相對論和量子論統一起來，但終未成功。1970 年代以後，由於弱相互作用和電磁相互作用統一理論的可喜進展，使統一場論的思想為物理學未來的發展提供了一個人有希望的前景。他的科學成就使他成為物理學革命的偉大先驅，並對哲學產生了深遠影響。

## 1.6.2 「你提出的問題經常使我心神不寧」

愛因斯坦父母都是猶太人。愛因斯坦剛剛降生時，他那碩大而有稜角的後腦就使他的母親大為吃驚。幾週以後，男嬰的大腦袋才慢慢地顯得正常了，然而那很寬的後腦勺依然存在，並成為伴隨他一生的特徵。

幼年的愛因斯坦比起一般的小孩來說發育比較遲緩，甚至到了四五歲還不太會說話。愛因斯坦的父母非常擔心，為他請來了醫生，但體檢的結果一切正常。後來愛因斯坦在給一位同事的信中寫道：「當我自問為什麼是我而不是其他人發現了相對論，我想可能是由於我童年時代是一個智力遲鈍的小孩。一般人對時間和空間的認識在童年時代已經完成。到了成年時，也就不再考慮時間和空間的問題。成年人思考孩童時的問題當然要更深一些，更熟一些。」

1880 年，因父親赫爾曼生意的需要，愛因斯坦全家來到了慕尼黑。愛因斯坦的小學和中學都是在慕尼黑度過的，他在這裡一直待到 1895 年被勒令退學為止。他在《自傳》中回憶這段歲月說：

「在 12 ～ 16 歲的時候，我熟悉了基礎數學，包括微積分原理。這時，我幸運地接觸到一些書，他們在邏輯嚴密性方面並不太嚴格，但是能夠簡單明瞭地突出基本思想。總的說來，這個學習確實是令人嚮往的……我還幸運地從一部卓越的通俗讀物中知道了整個自然科學領域裡的主要成果和方法，這部著作（伯恩斯坦的《自然科學通俗讀物》）幾乎完全局限於定性的敘述，這是一部我聚精會神地閱讀了的著作。」

愛因斯坦 10 歲的時候，進入了慕尼黑的路提波德中學。他很快喜愛上了數學，並開始自學高等數學。沒過多久，路提波德中學裡的數學老師已經不是他的對手了，常常被愛因斯坦問得張口結舌。甚至有一次數學老師公開地對愛因斯坦說：

「如果班上沒有你這個學生，我會非常愉快。」

愛因斯坦一臉困惑：「我並沒有做對不起老師的事情啊！」

「但是，你提出的問題經常使我心神不寧，還有，你在教室後排那種微笑的神態，我實在受不了。你知道一個老師在班級裡是需要尊嚴的。」

老師的抱怨是可以理解的，愛因斯坦在數學方面的能力確實讓一個中學老師感到為難，要承受很大的心理壓力。

然而除了對數學的初步認識外，慕尼黑的教條式軍國主義教育，並沒有給愛因斯坦留下什麼好印象。那些死記硬背的功課，全都引不起他的興趣，成績也都很不好。老師們嫌他「生性孤僻，智力遲鈍」，責備他「不守紀律，心不在焉，想入非非」。有一次，愛因斯坦的父親赫爾曼問學校的訓導主任，自己的兒子將來應該從事什麼職業，這位主任直截了當地回答：「做什麼都沒關係。你的兒子將是一事無成。」愛因斯坦後來對這種死板、專橫的教育方式進行了猛烈的抨擊：「有時，人們把學校簡單看作是一種工具，靠它來把大量的知識傳授給成長中的一代。但這種看法是不正確的。知識是死的，而學校卻要為活人服務……學校的目標應當是培養有獨立行動和獨立思考的個人，不過他們要把為社會服務看作是自己人生的最高目標。」

幾年以後，愛因斯坦再也無法忍受在路提波德的生活，他決定離開這裡。但是，半途退學會使他拿不到中學文憑。愛因斯坦不得不考慮這個實際問題。這個一向不通世故的年輕人，也使出了一個狡猾的陰謀 —— 後來這使他長久地感到內疚。他請數學老師給他開了張證明，說他數學成績優異，早已達到大學生的水準，數學老師聽說愛因斯坦要離開學校，就欣然答應了他的要求。他又從一個熟悉的醫生那裡弄來一張病假單，證明他神經衰弱，需要回家休息。有了這兩張證明，所有的顧慮都可以拋到腦後去了。但是，還沒等愛因斯坦提出提前畢業的申請，有一天訓導主任把他叫了去。訓導主任臉上布滿了烏雲，冷冷地說：

「你最好離開這個學校。」

愛因斯坦臉紅了，他惶恐地問：「先生，我犯了什麼過失？」

「班上的風氣都被你弄壞了。你走吧！」

就是那位斷定愛因斯坦將一事無成的訓導主任，勒令他退了學。

1895 年春，16 歲的愛因斯坦隨父親來到了義大利的米蘭，但由於超齡和沒有拿到中學文憑，無法在米蘭找到適合的德語學校。在父親要使他成為一名電機工程師的強烈建議下，愛因斯坦獨自來到瑞士的蘇黎世，報考聯邦工業大學。考試科目除了數學和物理之外，還有政治史、文學史、德文、法文、圖畫和作文。對於不善於記憶的愛因斯坦來說，在這些科目上顯然達不到錄取的要求。但校長十分欣賞他超凡的數學能力，建議他到阿勞小鎮上的州立中學去重讀一年。這個建議徹底地改變了愛因斯坦對於學校教育的厭惡，並且預言著物理學意味深遠的偉大變革。

阿勞小鎮的這所州立中學無論在教學方法上還是老師團隊上都是最先進的。瑞士偉大的教育學家佩斯塔洛齊的民主和人道主義思想在阿勞州立中學十分盛行。他們不贊成用權威的棍棒和名利的誘餌當做教育的方法，主張學生自我負責，老師的責任就是向學生展示知識和科學的魅力，點燃他們好奇心的火花，激起他們的求知欲望，讓他們的智力自由地發展。愛因斯坦在這裡還遇到了溫特勒先生，這位學識淵博、友善待人的歷史和德文老師，經常帶領學生們到山林中採集植物標本，並熱情地照顧愛因斯坦的生活。在這種自由、寬容、充滿朝氣的氣氛中，愛因斯坦逐漸變得樂觀、自信，他對知識的渴望也達到了前所未有的程度。

在這裡，愛因斯坦對自己的人生作了第一次果斷的規劃，在這篇用不太熟練的法文寫的標題為〈我的未來計畫〉的短文中，愛因斯坦表現出了獨特的自信：

「幸福的人對現狀太滿足了，所以不大會去想到未來。另一方面，年輕人則愛致力於構想一些大膽的計畫。而嚴肅認真的年輕人自然想要做到使自己尋求的目標概念盡可能明確。我若有幸考取，我就會到蘇黎世的瑞士聯邦工業大學去讀書了。我會在那裡待上 4 年，學習數學和物理。我想像自己成了自然科學中這些部門的老師，我選擇了自然科學的理論部分。

下面就是使我作出此項計畫的理由。最重要的是，我傾向於作抽象的和數學的思考，而缺乏想像力和實際工作的能力。我的願望也在我心中刺激了這樣的決心。這是很自然的事，人們總是喜歡去做自己有能力去做的事情。何況，科學職業還有某種獨立性，那正是我極喜愛的。」

16 歲的愛因斯坦規劃著自己未來的道路，規劃著物理學未來的重大突破，也規劃著人類未來的發展過程。次年，愛因斯坦考取了瑞士聯邦工業大學，開始了物理奧祕的探索。

## 1.6.3 愛因斯坦：《培養獨立工作和獨立思考的人》

我能講的就只能是超乎空間和時間條件的，但與教育事業的過去和將來都始終有關的一些問題。進行這一嘗試時，我不能以權威自居，特別是因為各時代的有才智的善良的人們都已討論過教育這一問題，並且無疑已清楚地反覆講明他們對於這個問題的見解。在教育學領域中，我是個半外行，除了個人經驗和個人信念以外，我的意見就沒有別的基礎。那麼我究竟是憑著什麼而有膽量來發表這些意見呢？如果這真是一個科學的問題，人們也許就因為這樣一些考慮而不想講話了。

但是對於能動的人類的事務而言，情況就不同了，在這裡，單靠真理的知識是不夠的；相反，如果要不失掉這種知識，就必須以不斷的努力來使它經常更新。它像一座矗立在沙漠上的大理石像，隨時都有被流沙掩埋的危險。為了使它永遠照耀在陽光之下，必須不斷地勤加拂拭和維護。我就願意為這工作而努力。

學校向來是把傳統的財富從一代傳到一代的最重要機構。同過去相比，在今天就更是這樣。由於現代經濟生活的發展，家庭作為傳統和教育的承擔者，已經削弱了。因此比起以前來，人類社會的延續和健全要在更高程度上依靠學校。

有時，人們把學校簡單地看作一種工具，靠它來把最大量的知識傳授給成長中的一代。但這種看法是不正確的。知識是死的，而學校卻要為活人服務。它應當在年輕人中發展那些有益於公共福利的特質和才能。但這並不意味著應當消滅個性，使個人變成僅僅是社會的工具，像一隻蜜蜂或螞蟻那樣。因為由沒有個人獨創性和個人志願的統一規格的人所組成的社會，將是一個沒有發展可能的不幸的社會。相反，學校的目標應當是培養獨立工作和獨立思考的人，這些人把為社會服務看作自己最高的人生問題。就我所能作判斷的範圍來說，英國學校制度最接近於這種理想的實現。

但是人們應當怎樣來努力達到這種理想呢？是不是要用講道理來實現這個目標呢？完全不是。言辭永遠是空的，而且通向毀滅的道路總是和多談理想聯繫在一起的。但是人格絕不是靠所聽到的和所說出來的言語而是靠勞動和行動來形成的。

因此，最重要的教育方法總是鼓勵學生去實際行動。初入學的兒童第一次學寫字便是如此，大學畢業寫博士論文也是如此，簡單地默記一首詩，寫一篇作文，解釋和翻譯一段課文，解一道數學題目，或在體育運動的實踐中，也都是如此。

但在每項成績背後都有一種推動力，它是成績的基礎，而反過來，計畫的實現也使它增長和加強。這裡有極大的差別，對學校的教育價值關係極大。同樣工作的動力，可以是恐怖和強制，追求威信榮譽的好勝心，也可以是對於對象的誠摯興趣，和追求真理與理解的願望，因而也可以是每個健康兒童都具有的天賦和好奇心，只是這種好奇心很早就衰退了。同一工作的完成，對於學生教育影響可以有很大差別，這要看推動工作的主因究竟是對苦痛的恐懼，是自私的欲望，還是快樂和滿足的追求。沒有人會認為學校的管理和老師的態度對塑造學生的心理基礎沒有影響。

我以為對學校來說最壞的事，是主要靠恐嚇、暴力和人為的權威這些辦法來進行工作。這種做法傷害了學生的健康的感情、誠實的自信；它製造出的是順從的人。這樣的學校在德國和俄國成為常例；在瑞士，以及差不多在一切民主管理的國家也都如此。要使學校不受到這種一切禍害中最壞的禍害的侵襲，那是比較簡單的。只允許老師使用盡可能少的強制方法，這樣老師的德和才就將成為學生對老師的尊敬的唯一源泉。

第二項動機是好勝心，或者說得婉轉些，是期望得到表揚和尊重，它根深蒂固地存在於人的本性之中。沒有這種精神刺激，人類合作就完全不可能；一個人希望得到他同類讚許的願望，肯定是社會對他的最大約束力之一。但在這種複雜感情中，建設性同破壞性的力量密切地交織在一起。要求得到表揚和讚許的願望，本來是一種健康的動機；但如果要求別人承認自己比同學、夥伴們更高明、更強而有力或更有才智，那就容易產生極端自私的心理狀態，而這對個人和社會都有害。因此，學校和老師必須注意防止為了引導學生努力工作而使用那種會造成個人好勝心的簡單化的方法。

達爾文的生存競爭以及同它有關的選擇理論，被很多人引證來作為鼓勵競爭精神的根據。有些人還以這樣的辦法試圖偽科學地證明個人之間的這種破壞性經濟競爭的必然性。但這是錯誤的，因為人在生存競爭中的力量全在於他是一個過著社會生活的動物。正像一個蟻穴裡螞蟻之間的交戰說不上什麼是為生存競爭所必需的，人類社會中成員之間的情況也是這樣。

因此，人們必須防止把習慣意義上的成功作為人生目標向年輕人宣傳。因為一個獲得成功的人從他人那裡所取得的，總是無可比擬地超過他對他們的貢獻。然而看一個人的價值應當是從他的貢獻來看，而不應當看他所能取得的多少。

在學校裡和生活中，工作的最重要的動機是在工作和工作的結果中的樂趣，以及對這些結果的社會價值的認識。啟發並且加強年輕人的這些心理力量，我看這該是學校的最重要的任務。只有這樣的心理基礎，才能引導出一種愉快的願望，去追求人的最高財富 —— 知識和藝術技能。

要啟發這種創造性的心理才能，當然不像使用強力或者喚起個人好勝心那樣容易，但也正因為如此，所以才更有價值。關鍵在於發展孩子們對遊戲的天真愛好和獲得他人讚許的天真願望，引導他們為了社會的需要參與到重要的領域中。這種教育的主要基礎是這樣一種願望，即希望得到有效的活動能力和人們的謝意。如果學校從這樣的觀點出發勝利完成了任務，它就會受到成長中的一代的高度尊敬，學校規定的課業就會被他們當作禮物來領受。我知道有些兒童就對在學校時間比對假期還要喜愛。

這樣一種學校要求老師在他的本行成為一個藝術家。為了能在學校中養成這種精神，我們能夠做些什麼呢？對於這一點，正像沒有什麼方法可以使一個人永遠健康一樣，萬應靈丹是不存在的。但是還有某些必要的條件是可以滿足的。首先，老師應當在這樣的學校成長起來。其次，在選擇教材和教學方法上，應當給老師很大的自由。因為強制和外界壓力無疑也會扼殺他在安排他的工作時所感到的樂趣。

如果你們一直在專心聽我的想法，那麼有件事或許你們會覺得奇怪。我詳細講到的是，我認為應當以什麼精神教導青少年。但我既未講到課程設計，也未講到教學方法。譬如說究竟應當以語文為主，還是以科學的專業教育為主？

對這個問題，我的回答是：照我看來，這都是次要的。如果年輕人透過體操和遠足活動訓練了肌肉和體力的耐勞性，以後他就會適合任何體力勞動。腦力上的訓練，以及智力和手藝方面技能的鍛鍊也類似這樣。因此，那個詼諧的人確實講得很對，他這樣來定義教育：「如果人們忘掉了他們在學校裡所學到的每一樣東西，那麼留下來的就是教育。」就是這個原因，我對於遵守古典，文史教育制度的人同那些著重自然科學教育的人之間的爭論，一點也不急於想偏袒哪一方。

另一方面，我也要反對把學校看作應當直接傳授專門知識和在以後的生活中直接用到的技能的那種觀點。生活的要求太多種多樣了，不大可能允許學校採用這樣專門的訓練。除開這一點，我還認為應當反對把個人作為死的工具。學校的目標始終應當是使年輕人在離開它時具有一個和諧的人格，而不是使他成為一個專家。照我的見解，這在某種意義上，即使對技術學校也是正確的，儘管它的學生所要從事的是完全確定的專業。學校始終應當把發展獨立思考和獨立判斷的一般能力放在首位，而不應當把取得專門知識放在首位。如果一個人掌握了他的學科的基礎，並且學會了獨立思考和獨立工作，就必定會找到自己的道路，而且比起那種其主要訓練在於獲得細節知識的人來，他會更好地適應進步和變化。

最後，我要再一次強調，這裡所講的，雖然多少帶有點絕對肯定的口氣，其實，我並沒有想要求它比個人的意見具有更多的意義。而提出這些意見的人，除了在他做學生和老師時積累起來的個人的經驗以外，再沒有別的什麼東西來做他的根據。

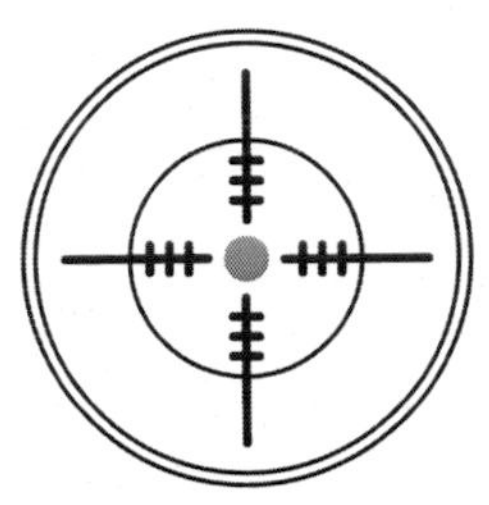

# 第 2 章　學習模式借鑑二——明師指路

我們的一生中會遇到許多的老師，學校裡的、生活中的和社會上的。對於那些偉大的科學家們也是如此。這一章中所提到的六位科學家，可以說都在他的人生旅途中遇到了「英明」的指路人，造成了「學習引導者」的作用。

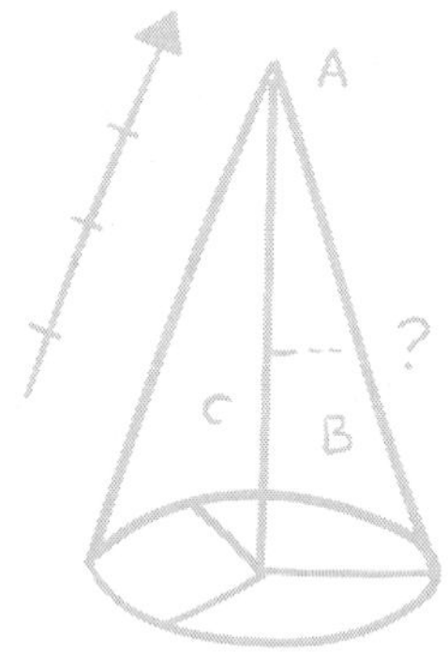

# 2.1　酷愛大自然的達爾文

自然和人工：原料與加工。世上沒有未經修飾的美；若無人工修飾，優點都將變得粗俗。人工技巧可彌補短處，提升長處。天生之物很少完美，因此我們必需求助人工技術。若無陶冶，最好的秉性也會變得毫無教養；若無培養，任何天賦都將折損一半。若無人為的修練，任何人都有不夠完美的一面；任何優點都需要打磨。

——《智慧書》(12)

查爾斯 · 羅伯特 · 達爾文

—— 英國博物學家，演化論的奠基人

1809 年 2 月 12 日，達爾文出生於英國。1825—1828 年在愛丁堡大學學醫，後進入劍橋大學學習神學。1831 年從劍橋大學畢業後，以博物學家的身分乘海軍勘探船「小獵犬號」作歷時 5 年的環球旅行。1859 年出版《物種源始》一書，全面提出以天擇為基礎的演化學說。隨後達爾文又發表了《動物和植物在家養下的變異》、《人類由來及性的選擇》和《人類和動物的表情》等書，對人工選擇作了系統的敘述，並提出性選擇及人類起源的理論，進一步充實了演化學說的內容。達爾文一生著述頗豐，《達爾文演化論全集》共 13 卷，15 冊，約 500 萬字。

## 2.1.1 適者生存

達爾文學說的中心是選擇，特別是天擇。而天擇又是在人工選擇的基礎上建立起來的。

**1. 人工選擇學說**

他認為，現在的許多家養動物和栽培植物，都起源於野生類群。它們在人們有計畫的選擇下，使有益於人類的變異逐漸積累和增強，實際上是個優勝劣汰的過程。這一學說有三個要素：一是有變異存在；二是這種變異能夠遺傳；三是人類對變異可以選擇。三者缺一不可。

**2. 天擇學說**

首先，達爾文認為生物普遍存在著變異。一切生物都有變異特性，世界上沒有兩個完全相同的生物。變異可分為一定變異和不一定變異兩種。所謂一定變異是指同一祖先的後代，在相同的條件下可能產生相似的變異。如氣候的寒暑與毛皮的厚薄，食物的豐匱與個體的大小。所謂不定變異是指來自相同或相似親體的不同個體，在相同或相似條件下所產生的不同變異。如同一白色母羊所生羊羔中，可能有白、黑或其他顏色。同時，達爾文認為生物普遍具有高度的繁殖率與自下而上的競爭能力。生物有著繁殖過剩的傾向，但由於食物與空間的限制及其他因素的影響，每種生物只有少數個體能夠發育與繁殖。達爾文還認為：生物在生存競爭中，對生存有利的變異個體被保留下來，而對生存不利的變異個體則被淘汰，這就是天擇或適者生存。適應是天擇的結果。在天擇過程中，只有適者才能生存，但適應對生存也只有相對的意義，一旦生活環境改變，原來的適應就可能變為不適應。最後，達爾文認為：透過天擇形成新物種。

## 2.1.2 他「吃」蟲子

「教士頭蓋骨的隆起發達得足以敵得上十個牧師。」這是德國心理學會以達爾文的頭部形狀為題舉行討論會做出的結論。這個人的頭腦適於做一個牧師。英國的骨相家也對達爾文的頭像做出過這樣的評語。

就是這樣一個被德國、英國骨相家一致認為適合做牧師的人卻沒有去做牧師。他不僅腦袋的形狀「特別」。他樂於觀察，喜歡探索，善於獨立思考，不斷提出新的問題，敢於向既定的慣例或傳統觀念挑戰。

達爾文的祖父是英國士魯巴利鎮當地的名醫，又是一位博物學家。他不僅醫術高明，而且對生物學也很有研究，曾發表過一部名為《動物生理學》的著作，提倡生物演化的觀念，是一個早期的生物演化論者。

達爾文的父親羅伯特．爾寧．達爾文繼承了父業，從 21 歲起行醫，也是當地著名的醫生。他喜歡花木，在花園裡種植了許多觀賞樹木，工作之餘便以照顧小花園為樂事，達爾文的母親蘇珊娜也喜歡栽培花卉和果樹，她常教孩子們透過花瓣識別不同的花卉。幼小的達爾文和兄弟姐妹們整天在萬綠叢中玩耍，採花撲蝶。在樹木蔥綠，花朵絢麗，彩蝶飛舞的環境中，在家庭成員的影響下，幼年的達爾文和大自然結下了不解之緣。

少年的達爾文是一個天真活潑，對大自然抱著強烈的好奇心，充滿了幻想的孩子。他曾經把帶色的液體澆在植物上，期待它們開出更加色彩斑斕的花朵。他試著為植物定名，採集貝殼、礦物等各種的東西，還經常被大人們嫁接果樹、變異花卉的工作所吸引。

10 歲那年，在威爾士海濱，他第一次嘗試了三個星期的獨立生活。五顏六色的蛾類和昆蟲在那裡飛翔，人們都被廣袤的海洋吸引住了，沒有人注意這些蟲子。但是達爾文卻翻來覆去想：「怎麼和我在城裡看到的昆蟲、飛蛾都不一樣呢？」

有一次，達爾文借到一本名叫《世界奇觀》的書，他讀了一遍又一遍，愛不釋手，幻想著有一天能到書裡描繪的實地去進行考察。14 歲的時候，他又騎著馬到威爾士邊境旅行了一次。少年時期對大自然的好奇、幻想，正是達爾文日後觀察、思考、創新的源泉。

8 歲時達爾文進了鎮上的小學。第二年，他轉入布特勒博士學校。入學的第一天，達爾文興奮極了，盼望能學到更多的知識。可是不久他就失望了，布特勒博士學校是一所嚴格的舊式學校，教的是難懂的經文，枯燥無味地講授古代的地理和歷史，沒有自然科學方面的課程。達爾文給這個學校的評語是：「最有害於我的思想發展的，無過於布特勒博士學校了」，「這個學校對於我的教育，簡直是一個空洞的場所。」

於是，他把精力和感情都傾注在課外活動中，而考試成績卻越來越差。這種「不務正業」的行為，遭到了學校和家長的一致反對，校長布特勒博士把達爾文召去，公開地斥責他是一個「二流」學生；父親氣憤地責罵他：「你除了打獵、養狗、捉老鼠外，什麼都不操心，將來會丟你自己的臉，也會丟全家的臉。」

1825 年，父親將 13 歲的達爾文和他的哥哥一起，送到了愛丁堡大學學醫，希望他們成為和祖父一樣的名醫。然而，灌輸式的課堂教學方法，很快使達爾文感到討厭，他不想當醫生，而對大自然興趣十足。

父親對於兒子的「遊手好閒」很擔心，對於這個童年喪母的兒子既惱火，又心疼，見他無意學醫，就想培養他成為一個「尊貴的牧師」。

1828 年秋，達爾文被送進了劍橋大學學神學。開始，達爾文也有做一個鄉村牧師的想法，並認真閱讀了英國教會的教義和有關神學的書籍，一點也不懷疑聖經上的每一個字都是真理，「確信我們的教義一定是可以全部接受的」。在神學的考試中，他成績優良，名列前茅。

但是，古典的課程，枯燥的神學，很快使達爾文感到厭煩。所以，課餘時間達爾文又常常去找自然科學家，和他們一起談心、散步、做實驗，討論他真正關心的科學問題。

在醫學院學習期間，達爾文曾結識了一些愛好自然科學，尤其是生物學的青年朋友，其中一個是比他高幾年級的葛蘭特。在一次散步時，葛蘭特熱情地給達爾文介紹了拉馬克的演化觀點。雖然達爾文曾讀過祖父寫的《動物生理學》一書，但對拉馬克的演化觀點還是表示了極大的驚訝。葛蘭特是研究水生動物的，達爾文經常跟著他到水漲落的沙灘上捕捉動物，並盡最大努力解剖。在這期間，他們還和漁民一道撒網捕魚，捕撈牡蠣，並且製成各種標本，帶回去分析研究。

有一次，達爾文利用簡陋的顯微鏡，進行了兩個小時的觀察分析之後，發現一種名叫板枝蚧的動物，它所產的具有鞭毛並能運動的幼蟲，在過去卻被研究家們錯誤地認為是板枝蚧的卵。還有一次，他又透過顯微鏡觀察到類似蠕蟲的海蛭的卵衣，而過去曾被人們認為這是墨角藻幼齡階段的球狀體。他把這兩項發現寫成論文，在當時愛丁堡大學自己成立的、以古羅馬博物學家普林尼命名的學會上宣讀，獲得了大家的好評，這使年輕的達爾文受到了極大的鼓舞。

達爾文還非常虛心好學。當他聽說一位黑人擅長剝製鳥類標本，就立即前往拜訪和請教。他從黑人老師那裡學會了製作標本的技術，彼此還建立了深厚的感情。

學校放假之後，達爾文就和朋友或姐姐一起，進行遠足旅行、打獵。有時與獵場的看守人一起，整天跋涉在叢林蔓草之中；有時還登上積雪的高山，常常累得喘不過氣來，可心情卻特別舒暢，他和朋友們捕獲和採製了很多不常見的鳥和植物標本，學會了觀察和蒐集動植物的方法。

在劍橋，達爾文仍然以大量的時間郊遊，閱讀各種自然地理著作和蒐集昆蟲、植物等活動。長期的實踐活動，使年輕的達爾文更加精明能幹，他發明了兩種新的採集方法。一種方法是在冬季刮下老樹上的附著物；另一種方法是採集船底下的附積物。這樣，他便得到了一些別人得不到的罕見的物種，並收在史蒂芬編的《不列顛的昆蟲圖解》中。

有一次，達爾文發現了一棵老樹上有一片壞死的皮，憑多年經驗，他馬上感到那天要有收穫了，他小心翼翼地剝下老樹皮，一眼看到了兩隻罕見的甲蟲。達爾文興奮極了，他極為熟練地一手捉了一隻，雀躍不已。他剛想仔細看看這兩個可愛的小傢伙時，又發現了第三隻更為罕見的甲蟲。怎麼辦呢？雖然寒風刺骨，達爾文卻急出了汗。絕不能讓它逃走，達爾文顧不得多想，把左手上的那只放在嘴裡，正想騰出手捉第三隻，他感到嘴裡的小傢伙一動，噴出一種液體。頓時感到嘴裡又麻又痛又燙。他趕快把它吐了出來，那隻狡猾的小傢伙便歡蹦亂跳地逃跑了，等再想抓第三隻時，卻懊喪地發現那隻也不知道什麼時候逃走了。

達爾文在閱讀了大量自然科學書籍後，受到很大鼓舞，尤其是洪堡的《南美旅行記》和赫雪爾的《自然哲學研究入門》，激勵了青年達爾文的雄心，使他強烈地希望自己也能為自然科學的大廈增添一磚一瓦。

在劍橋大學三年的大學生活中，他結識了許多地質學家、動物學家和植物學家。其中對達爾文影響最大的是亨斯洛教授。

亨斯洛教授是老一輩的自然科學家，在植物學、昆蟲學、化學、礦物學、地質學方面有著豐富的知識。達爾文經常去聽亨斯洛上課，並被他生動的講演所傾倒，亨斯洛見達爾文對自然科學興趣濃厚，經常熱情地關心、幫助他，1830 年初，在亨斯洛的鼓勵下，達爾文開始了對地質學的研究、考察了幾個地方。同年 8 月在亨斯洛的介紹下，達爾文與地質學家漢威克教授一起，去北威爾進行古岩層的地質考察。這一次翻山越嶺的地質考察，使達爾文得到了很大收穫。知道了怎樣調查研究一處的地質，還學會了檢驗岩石層，採集化石等本領，為以後的環球旅行奠定了良好的基礎。

達爾文熱心於生物學的研究，但是由於神學思想的長期薰陶，對「神造論」留下了很深的烙印，對拉馬克的演化觀點還不能正確理解，究竟誰是誰非？達爾文有著對生物學的極大興趣，帶著「神造論」與「演化論」的矛盾結束了大學生活，走出了劍橋大學的校門。

1831 年 12 月 2 日，22 歲的達爾文在亨斯洛教授的推薦下，以博物學者的身分登上了小獵犬號，開始了五年的航行考察生活。

他把每天所觀察到的各種現象都準確、詳細地寫進了航海日記和考察筆記。並且一遇到機會，就把它們寄回英國，這個工作持續了將近 5 年，直到航程結束。即使旅途中發燒不退，病了兩個多月，日記也從未間斷過。

在達爾文的航海日記中，記載著極其豐富生動的考察事實。

1832 年 2 月 16 日，小獵犬號到了維德角群島，達爾文入叢林，攀懸崖，涉草地，蒐集各種珍貴的動植物標本，挖掘古生物化石，沒有偷閒過半個小時。「群島上鋪滿大地的奇花異草，千種彩蝶，萬類昆蟲，常常讓達爾文樂而忘返；千差萬別的珍禽奇獸，古怪的化石獸跡，又常常使達爾文處在非常驚奇之中。是什麼樣的力量把大自然裝飾得這樣錦繡多嬌？是什麼樣的緣故使得很多種動植物種類，古代的和今天的，雖近似但又不同呢？難道真像神學院的老師在講述《聖經》的時候所說的，形形色色的生物都是上帝創造出來的嗎？」他還記得自己不久前給船上水手們複述這些說教時，水手們捧腹大笑的情景。是啊，見聞廣博的水手為什麼覺得可笑呢？達爾文決心找到答案。

在航行考察中，達爾文除了採集標本、化石外，還很重視向當地群眾學習求教。有一次，一位高僑人對他說：「我們這裡的雌駝鳥總是成群地把蛋下在同一個巢裡，等到有 20 到 40 個蛋的時候就讓雄鳥孵化，而雌鳥又集體到下一個巢下蛋去了。」達爾文聽了將信將疑，便親自做了實地調查，原來雌駝鳥每隔三天才下一個蛋，假如一隻雌鳥把每次排卵期的十幾個蛋全部下完再自己孵化，那麼，先下的蛋在高溫環境裡早就變壞了，此地駝鳥的這個習性正是對當地炎熱氣候的一種適應表現。很多類似這樣的事例使他感到動物和自然界之間存在著一種密切的關係。

1833 年 8 月達爾文在朋塔阿耳塔挖掘化石。有一天，人們挖到了一種劍齒獸的化石，它的身體像大象，牙齒卻小得像老鼠，眼睛、耳朵和鼻孔又像水中的海牛。達爾文看到這個「怪化石」感到十分驚奇。

「為什麼現代不同類型動物的特徵，集中在古代同一種動物身上呢？」難道，現在不同的動物是從古代某種動物演變來的？可是，《聖經》上談的卻是萬物不變，他不能不懷疑上帝創造萬物的說法了。

1835 年 9 月，小獵犬號來到了加拉巴哥群島。這個群島共有大小 10 個相鄰很近的島嶼，島上小鳥甚多，一下子把達爾文吸引過去，他觀察了島上所有的 26 種小鳥，發現都與大陸上的鳥類相仿，但由於島嶼的不同而各有差異。他仔細觀察確認，這 26 種小鳥，有 25 種是變種，這些島上原來沒有鳥類，後來，有人從外面帶來了一種，在各島上不斷繁殖變異，形成了現在的各個種類。

群島上的植物沒有美麗的花朵，所有的昆蟲也都和植物一樣，呈現著沙漠生物的色彩。達爾文認為，這是由於這種樣子適宜這樣的生存條件。

幾年的跋山涉水考察，達爾文耳聞目睹了生物界大量變異的事實，他終於拋棄了《聖經》上關於物種不變的論調，提出了「物種是逐漸變化的」觀點。

1835 年底，小獵犬號駛離了加拉巴哥群島，穿過太平洋，經過澳洲南沿，越過印度洋，繞過好望角，勝利返航了。

1836 年 10 月 2 日，達爾文激動地跳下了帶給他豐碩成果和嶄新思想的小獵犬號軍艦，登上了闊別五年的祖國大地。「物種是可變的！」這是達爾文經過航海實踐得出的結論，也是他艱苦卓絕的勞動結晶。

達爾文雖然在航行期間形成了物種之間有什麼聯繫的科學見解，但物種為什麼會變化，各種生物之間有什麼聯繫，還沒有形成清晰的認識。於是達爾文在醉心研究五年中蒐集到的化石、標本，整理「旅行日記」的同時，他訪問老農、育種家、園藝家，傾聽他們介紹人工選育良種的經驗，並親自參加實踐，養了許多鴿子，研究家鴿品種起源問題。

達爾文注意到，家鴿的品種不同，外形差異很大，但內臟和骨骼的構造基本上相同，他進一步調查和研究了家鴿的飼養史。原來，不同種類的家鴿的祖先都是岩鴿。岩鴿由野生轉為家養後因生活環境的改變，經過長期的人工選育，才形成了各種各樣的鴿子。

他又研究不同品種的金魚的形成：在中國宋朝，有人把一種帶朱紅色鱗的鯉魚放在缸裡飼養，由於環境的改變，魚就漸漸表現出形態上的差異，人們把形態不同的魚分缸飼養，結果變化越來越大，經過近千年人類的不斷選擇，終於培養出現了多個品種的金魚。

透過走訪、觀察，達爾文形成了對人工選擇作用的認識：具有各種不同特徵的動植物品種，可以起源於共同的祖先，它們在人為的干預下，積累和發展了對人有利的變異，逐漸形成了人們所需要的新品種。

那麼，生存在自然條件下的更大量的物種有沒有類似人工選擇的過程呢？

達爾文想到了北大西洋馬德拉島上的昆蟲。它們當中大部分翅膀退化，不能飛；而少數能飛的昆蟲翅膀特別發達。為什麼會這樣呢？經過分析，達爾文明白了：馬德拉島上經常颳大風，會飛的昆蟲，大部分被風颳到海裡淹死了。只有少數翅膀特別發達和在地上爬不善於飛行的昆蟲僥倖存活下來，經過許多年，一般會飛的昆蟲滅絕了。於是，島上只有翅膀特別發達和不會飛的昆蟲了。

他研究了大量類似的例子，得出了結論：在自然界，的確存在著類似人工選擇的過程，只不過選擇的不再是人，而是大自然，也就是說：一種生物產生的後代，能適應環境的就生存下來，不適應環境的就被淘汰，這就是「天擇」。他認為，現代生存的各種各樣的生物都是由少數原始生物，經過漫長的時間變異、遺傳和天擇的過程，從簡單到複雜，從低等到高等，逐漸演化來的，絕不是上帝創造的，他把這個思想告訴了他的朋友賴爾和虎克以及他們的哥哥，並說「我要寫一本《物種源始》」。

達爾文開始寫書了，他克服了一個又一個的困難和意外事件帶來的悲傷，懷著把畢生精力獻給科學事業的信念，頑強地工作著。

1858 年夏，正當達爾文整理總結、奮筆疾書之際，收到了住在馬來群島從事考察研究的另一位英國生物學家華萊士的一篇論文。這篇題為《論變種無限地離開其原始模式的傾向》的論文，其內容跟達爾文正在總結寫作的理論驚人地相似！

華萊士要求達爾文看完他的文章後，能交給賴爾審閱發表。開始，達爾文為了避免華萊士誤會，想放棄自己二十年來的研究成果，單獨發表華萊士的論文。但是，熟知達爾文研究成果的賴爾和虎克都不同意。在他們的建議和鼓勵下，達爾文就把自己的原稿提綱和華萊士的論文，在「林奈學會」上宣讀了，當時會場上反響強烈。許多進步的自然科學家滿懷喜悅地聆聽了這種嶄新的演化論學說，而持「神造」觀點的人，儘管感到厭惡，也只有竊竊私語，不敢出來反對。

1858 年 9 月，在賴爾和虎克的一再敦促下，達爾文重新拿起筆桿，又經過一年多的努力，1859 年 11 月 24 日，凝聚了達爾文二十多年心血的科學巨著 —— 《物種源始》終於出版了。

### 2.1.3 達爾文：《對我智力的評估》

在這裡，我已經列舉出了我所有的已出版的書，它們就是我一生的里程碑，所以我再要講的話也就不多了。除了現在要講的一點以外，我還沒有發覺自己的思想在 30 年內有什麼變化。只要是精力一般不降低，那當然也就未必會期望有任何的變化。我的父親享壽 83 歲，他的思想卻依舊同往常一般敏銳，而且他所有的感官都沒有顯著的衰退。我希望我最好是在自己的思想還沒有顯著枯竭時就與世長辭。我認為，我在探尋正確解釋和想出一些實驗核對的方法方面，已經比過去略微熟練了些；可是，這大概只是單純的實踐和大量的知識積累的結果罷了。我在清楚而扼要地表達自己的想法方面，仍舊像往常一樣，很感困難；這種困難使我耗去了極多時間；可是，在這方面也有一種補償，就是：它使我不得不對每一句文字作長久而且專心的思考，因而就會使我在推斷方面，在自己和別人的觀察結果方面，看出錯誤和失察之處。我的思想中似乎有一種命定的特徵，它使我最初在敘述自己的說法和主張時，總是採取錯誤或拙劣的表達方式。從前，我時常在寫作時，要在推敲自己的文句以後，方才下筆寫出它們來；過了幾年後，我得出了結論，為了節省時間，盡可能迅速地用極其拙劣的筆跡，潦草地寫滿全頁。接著就把它們縮減一半，然後才去仔細考慮，改正它們。這樣記寫的詞句，反而時常要比我事先深思熟慮後可能寫出的詞句，更加優美些。

上面已經講了很多我的寫作方法；我打算再補充講一下，我在自己著寫的幾部書中，曾經把大量時間耗用在一般的材料整理方面。起先，我在兩三頁稿紙上寫出最粗略的提綱，接著把它擴充成幾頁較長的綱要，用不多的詞句，甚至用單字，去充當整個論斷或一批事實。我開始以擴展形式寫作以前，先把其中每個小標題再擴大一些，而且時常把它們更換成新詞。因為在我的幾部著作中，大量引用了其他科學家的觀察資料，又因為我經常同時研究幾個完全不同的專題，所以我就準備好三四十個大紙夾，把它們放置在書櫥中貼有標籤的擱板上，這樣我就可以立刻把各種個別的參考資料或便條存放進有關的書夾中去。我購買了很多圖書，在它們的末頁上，記寫了書中所有與我的研究工作有關的事項索引。有時，如果這本書不屬於我自己，那麼，我就寫成一篇單獨的摘要；在我的一只大抽屜中，就裝滿了這些摘要。在開始從事某個論題的研究工作以前，我先去查看所有簡短的索引，編寫出一個分類的總索引，以後再選取一個或幾個適當的紙夾，因此就可以獲得我過去收集到的所有備用資料了。

……

我對於歷史、傳記、遊記（不論其內容是否有任何的科學性事實）和種種專題的論文，仍舊同往常一樣有著濃厚的興趣。我的頭腦，好像已經變成了某種機器，專門把大量收集來的事實加工研磨，製成一般的法則；但是我還不能理解，為什麼這必然會引起我頭腦中專門刺激高尚審美興趣的那些區域的衰退呢？我認為，如果一個人具有比我更加高級的或者構造更加良好的頭腦，那麼，他就不會遭受到這種損失了;如果我今後還要活下去，那麼，我一定要制訂一條守則:至少在每個星期內，要閱讀幾首詩和傾聽幾曲音樂；大概採取這種使用腦筋的辦法，會因此把我現在已經衰退的那些腦區恢復過來。這些興趣的喪失，也就等於幸福的喪失，可能會對智力發生損害，而且很可能也對品德有害，因為這種情形會削弱我們天性中的情感部分

我的著作，在英國銷售量很大，而且被譯成多種外文，在國外也再版過幾次。我曾經聽說，一部著作能夠在國外獲得成功，就是證實它具有永久價值的最良好的檢驗標準。我懷疑，這種說法是否完全正確；可是，如果用這種準則來作判斷，那麼，我的姓名大概將會再留傳下去幾年。因此，我覺得，一個人要對那些使自己獲得成功的智力性質和條件來作分析，雖然很難獲得正確的結論，但是也不妨來試它一試，可能是值得這樣做的。

我既沒有極其敏捷的理解力，也沒有機智；有幾位聰明的人士，例如赫胥黎，就具有這些優良的特質。因此，我只是一個很差的評論家。我在初次閱讀任何一篇論文或者一本書時，通常總是對它發出讚美，但是在繼續作了一番思考以後，馬上就會看出它的缺點來。要我遵循一條冗長的抽象思想路線 —— 這種本領，對我是有限度的；因此，我在形而上學和教學方面，從來沒有取得什麼成就。

有幾位評論家曾經批評我說:「他是一位出色的觀察者，但是他卻沒有推理能力！」我認為，這種評語是不正確的，因為《物種源始》一書從開頭一直到結尾，恰恰就是一長篇論證，而且它已經使不少有識見的專家信服了。任何一個人，如果沒有推理能力，絕不會寫出這部著作來。我有一點本領，就是推理能力，正好像每一位頗有盛

名的律師和醫師所具有的這些本領一樣；不過我自信，我在這方面的本領並不太高強。

另一方面，我以為對我有利的一種情況是：我具有比一般水準的人更高的本領，能夠看出那些容易被人忽略的事物，並且對它們作細緻的觀察。我在觀察和收集事實方面，勤奮努力，真是無以復加的了。尤其重要的是：我熱愛自然科學，始終堅定不移，旺盛不衰。可是，我卻懷有一種虛榮心，想要博得我的同道自然科學家們的尊敬；這種虛榮心也就強烈地促進了我對自然科學單純的熱愛。我從少年初期開始，就抱有極其強烈的願望，想去了解或說明自己觀察到的事物，也就是說，想把一切事物分門別類，歸納到某些一般的法則中去。所有這些錯綜複雜的因果關係，曾經培養出我的一種耐心，使我能夠在任何悠長的歲月中，對任何一個懸而未決的問題，進行頑強的思考。根據我所能作出的判斷，我對於別人的指示，並不輕易聽信，盲目遵從。我始終不變地努力保持自己思想的自由，其範圍可使我在一見到事實明顯地相反於我深愛的任何假說時，馬上就放棄這個假說（而且我對於每個專題，總是忍不住想要建立一個假說）……我認為，富有懷疑態度，這對科學家是有利的，因為這可以使他們不致損失大量時間；然而，我曾經遇見不少人，我相信，他們正是由於（缺乏懷疑態度），不敢去試驗和進行觀察工作，不管這些工作是否具有直接或間接的益處。

……

我具備了一些井井有條的習慣和方法；這對我獨特的工作方法很有一些用處。最後，我還不急需去謀生覓食，所以就有了充分的空閒時間。即使是我身體很差，而且它使我在一生中損失了幾年的（寶貴）光陰，但同時也使我避免了許多散漫的社交生活和遊樂，節約了時間，也不無小補。

因此，根據我所能作出的判斷，作為一個科學家，我的成功，不管它有多大，是取決於種種複雜的思想特質和條件的。其中最為重要的是：熱愛科學；在長期思考任何問題方面，有無限的耐心；在觀察和收集事實資料方面，勤奮努力；還有相當好地創造發明的本領和合理的想法。確實使人驚異的是：使我所具有的這些中等水準的本領，竟會在某些重要問題上，對科學家們的信念，發揮了相當重要的影響。

## 2.2　受博士指導的國中生：玻恩

知道如何完善自己的品性。常言道：人之性情七年一變。讓這一變化朝著更好的方向發展，讓你的品味也變得更高雅。過了第一個七年，你開始懂事。在之後的每一發展階段，都要用新的優點為自己增光。觀察這個變化以促進它，也希望有所長進於別的方面。因此，當很多人改變自身地位或職業之時，他們的行為也跟著改變了。有時，這種改變不被感覺，直至其完成之時。一個人，二十如孔雀，三十如獅子，四十如駱駝，五十如蛇精，六十如狗，七十如猴，到八十歲，便什麼都不像了。

——《智慧書》（276）

馬克斯・玻

—— 德裔英國物理學家

1882 年 12 月 1 日生於普魯士的布雷斯勞，1970 年 1 月 5 日卒於哥廷根。1907 年獲哥廷根大學博士學位。1923 年開始，集中致力於發展量子理論，W.K. 海森堡是他的助手。1933 年希特勒掌權後，玻恩離開德國，赴英國劍橋大學，1936 年任愛丁堡大學教授。1953 年退休後，返回德國居住。1954 年以《對波函數的統計詮釋》獲諾貝爾物理學獎。主要著作有：《晶體點陣動力學》（1915 年）、《愛因斯坦相對論》（1920 年）、《固態原子理論》（1923 年）、《原子動力學問題》（1926 年）、《原子物理學》（1935 年）、《物理學實驗與理論》（1943

年)、《晶格動力學》(1954 年)、《我們一代的物理學》(1956 年)、《物理學與政治學》(1962 年) 等。

## 2.2.1 最早建立了量子力學體系

玻恩一生涉足的領域非常廣泛，但研究時間最長、論文最多、最能代表他個性的是在晶格動力學方面的工作以及作為量子力學的先驅所作出的貢獻。

### 1. 晶格動力學之父

玻恩和卡門（空氣動力學創始人之一）最初的工作，奠定了晶格動力學的基礎，引入了這一領域的幾乎所有基本概念。後來，玻恩發展了基於晶格動力學的固體的熱學、光學、力學理論。玻恩認識到普朗克的作用量子 $h$ 不可能像普朗克本人所希望的那樣，可以與牛頓或馬克士威的理論結合在一起，原子領域需要一種更基本的新力學，因為固體的振動不再是單一粒子或粒子群的古典振動，而是一種新的模式振動。因此，玻恩被科學界稱為「晶格動力學之父」。

### 2. 量子力學的先驅

玻恩透過在固體比熱和離子晶體方面的工作，感到需要用更基本的新理論來代替波耳的量子理論。玻恩和其助手包立深入討論了把微擾理論用於原子理論，並與海森堡合作研究氦原子。玻恩還和約爾丹一起研究多週期體系，他們發現：量子的「躍遷量」總對應於古典理論中振幅的平方，由此能恰當地構成「躍遷振幅」的概念，這符合波耳的對應原理。玻恩對此非常重視。

不久，玻恩、海森堡、約爾丹合作完成了一篇很長的論文，這篇論文使矩陣力學的形式在一定程度上趨於完善，成為量子力學的經典文獻。

1925 年 11 月，玻恩應邀去美國麻省理工學院講授晶體理論和量子力學。第一個把新的量子理論帶到美國，吸引了許多聽眾。他的講稿於 1926 年由麻省理工學院出版，同年出版了德文本，這是關於量子力學的第一本專著。在麻省理工學院講學期間，玻恩還和維納合作，用算符理論對矩陣力學進行了推廣。

玻恩 1926 年的工作對統一物理學家的思想，澄清對此問題的討論發揮了關鍵作用，使這兩種截然不同的思想得到某種綜合，在新的高度上達到了一定的統一。他用薛丁格的方法處理碰撞問題，討論了入射粒子動能遠遠大於散射中心相互作用位能的情況，得到了著名的玻恩近似，即電子波函數的機率詮釋。這項工作從物理上統一了波動力學和矩陣力學。機率詮釋使物質的波粒二象性更加明確，在此基礎上，海森堡提出了測不準原理，波耳提出了互補原理。

玻恩的機率詮釋對量子理論的發展，對人們思維方式的影響很大。他和哥本哈根學派堅持認為機率是量子理論的內在性質。著名科學史學家派斯甚至認為：「在量子力學的這種意義上引入機率 —— 也就是說，機率是物理基本定律的內在特徵 —— 很可能是迄今仍具影響的 20 世紀最根本的科學變革。同時，它的出現標誌一次科學革命 —— 這是常用而很少定義的術語 —— 的結束而不是開始。」

## 2.2.2　戀愛的失敗者

玻恩的父親古斯塔夫是個醫生，母親馬格麗特在玻恩 4 歲時就去世了，祖母考夫曼撫育他長大。

玻恩念中學的時候，德國的學校只不過是個學知識的地方而已，教學抽象、枯燥，也沒有社團活動。中學的核心課程是拉丁文，每天至少有一個小時，有時候甚至要上兩個小時。玻恩在他的自傳中說：「如果把上課和寫家庭作業所花的時間與得到的拉丁知識相比較，我就不得不懷疑這種教育方法是否有效了。離開學校只幾年時間，我就不能閱讀拉丁文了。」

在學校裡，唯一使玻恩感興趣的是解析幾何。解析幾何把圖和形狀簡化成代數式甚至算術式，這正好符合玻恩的興趣，儘管當時玻恩還說不出它的魅力何在。玻恩的數學成績一直相當出色，這也是由於碰上了一位好老師 —— 馬胥凱博士。他也是與玻恩有私人接觸的唯一一名老師，對他玻恩一直懷著感激之情。馬胥凱博士是個小個子，體魄強健，善良的圓臉上留著大鬍子。他教數學的方法與以往的老師大不相同，很是新穎。他不直接講定理和提出證明，而是為學生們講解此定理所從屬的整個理論的意義，有關的歷史和實際應用。馬胥凱博士講授的一年級物理課是玻恩期待的唯一一門自然科學課程。馬胥凱博士也很快注意到這一點，並邀請玻恩幫他準備上課要做的實驗。他們倆在物理教室裡連接和開關電路，在光學儀器座上調整透鏡，共度過許多愉快的下午。碰巧在那時，馬可尼的首次無線電訊號實驗逐漸為人所知，馬胥凱博士決定重複做一次這個實驗。他和玻恩一起自製了一臺金屬檢波器，將摩斯訊號從一個房間發送到另一個房間。實驗成功時，他們倆既高興又自豪。馬胥凱博士讓玻恩請來校長，玻恩欣慰地看到了這位嚴厲的經典教育倡導者臉上露出的快樂，和對這個科學成就的不情願的讚賞表情。

除了這些對數學和物理的最初探索之外，學校裡難得再有什麼能使玻恩感興趣的事，這使玻恩把注意力轉向了其他方面。1898 年聖誕節，寒冷使德國的小河形成了一個天然的溜冰場，那裡有玻恩和他的夥伴們最大的快樂。玻恩很喜歡這種動作優美的運動，但這並不是他滑冰的主要樂趣 —— 他已經到了感受異性吸引力的年齡，眼睛開始亂看了。在這塊冰場上有位漂亮的女孩子勞厄，她是玻恩妹妹的同學。可是那時十四五歲的男女之間總是涇渭分明，雖然兩人的友誼不斷地發展，經常在上音樂課的途中或其他類似的場合「偶然」地相遇。但那時的女孩不得不遵守各種清規戒律，對她們來說，單獨會見男孩並不是件容易事。而當聖誕節到來，最好的機會出現在了冰場上。當玻恩在冰場一角跟著音樂拍子練習複雜的花式溜冰時，他的目光始終搜尋著冰場上那位戴皮帽子的女孩，玻恩忘記了身體的運動而想要談情說愛了。

一天，玻恩在音樂課上奏完一曲蕭邦的《e 小調協奏曲》，音樂老師奧爾巴赫說道：「玻恩，你戀愛了！我能從你的琴聲中聽出來。」奧爾巴赫是這方面的行家，學生的家長們通常不願讓女兒在沒有陪伴的情況下跟他上課，怕被教導成「早戀青少年」。玻恩回憶說：「要了解當時我究竟是個怎樣的人，這個音樂事件很有意義……這恰好發生在我中學時代的最末時期，儘管使我分心，卻激起我的事業心，而對我在學校或其他方面的表現沒有產生壞影響。」

但是，不善言辭的玻恩總是難以表達對勞厄的情感。一次，玻恩與她在大街上「意外」相遇，玻恩正要到祖母那裡去。他對勞厄說祖母家裡有隻鸚鵡，也叫勞厄，而且又趕忙添上一句：「我們叫做勞厄 · 玻恩 —— 有趣嗎？」玻恩最神祕心願的表達就這麼多了。他後來回憶說：「我是多麼不懂得漂亮女孩的心啊，竟然把她比作鸚鵡！

我想我所談的常常限於這種水準，她不喜歡聽，我也不奇怪。當我發現這一點時，這已經成為一次痛苦的經歷了，只加深了我與外界的隔膜。」

同年，玻恩就中學畢業了，那時他想當工程師。他把自己的房間布置得像技工的車間，裡面擺著一臺車床，那是外祖父送給他的聖誕禮物。玻恩用這臺車床加工金屬、製造金屬桿和各種小儀器，他還試圖製作一臺小蒸汽動力火車的引擎，結果沒有成功，半成品在他的房間裡放置了好幾年。玻恩詢問了好幾所工程學院裡這一學科的設置和現狀，並和父親商討。父親古斯塔夫告訴玻恩，他這一生做專業研究投入全部時間，以致妨礙了所有別的興趣，他對此總覺得遺憾，並希望兒子不要犯同樣的錯誤。他建議玻恩在大學的頭一年選修自己喜歡的所有課程，在這種試探結束之前不要決定最終的學習方向。玻恩後來說：「我遵從了他，結果沒有當工程師，我想這是正確的選擇。」

## 2.2.3 玻恩：《原子時代的發展及其本質》

這幾年發生了一些改變我們生活的新事情。這個新特徵含有光輝的希望，同時也含有可怕的威脅。毀滅的威脅特別表現在令人難忘的廣島和長崎事例中，這兩件事足以使人信服了。但是我願一開始就指出，投在那裡的原子彈跟以後發展的核子武器比較起來，只不過是玩具而已。這並非一個簡單的破壞力相乘的問題：使一定數量的不幸的人遭到毀滅，而更多的比較幸運的人倖免於難。這是根本一網打盡性質的變化。今天，美國和蘇聯所儲存的核彈、氫彈和鈾彈，可能足夠互相毀滅各自所有的大城市，大概還要加上其餘的所有的文化中心，因為幾乎所有的國家都或多或少和這兩個大國之一有關係。但是更壞的東西還在準備著，也許已經可以應用了：例如能在大面積地區產生輻射塵而殺傷一切生物的鈷彈。特別罪惡的是：放射性輻射對後代有貽害：可能引起人類退化的變化。我們正站在人類在過去的世紀裡從未到過的十字路口上。

然而，這個生死存亡關頭只是我們智力發展階段的一個徵兆。我們要問：把人類捲入這進退維谷境地的更深刻的原因是什麼呢？

基本的事實是這樣一個科學發現：造成我們人和我們周圍環境的物質不是牢固不可破的，而是不穩定的，爆炸性的。正確地說，我們大家都是坐在火藥桶上。誠然，這火藥桶有著相當堅固的壁，我們需要幾千年的時間才能在它上面鑽一個洞。今天我們剛剛度過了這段時間，但在任何時候，只要我們劃一根火柴就可能把我們自己炸到天空中。

收穫到古希臘原子論者播種的果實的，是我們這一代。物理學研究的最後結果就是證實了他們的基本概念，即物質世界本質上是由相同的基本粒子組成的，這些粒子的位移和相互作用產生出各種現象。但是這個簡單的描繪當然只是實驗結果的粗略縮影，由於補充了許多特點，它最終是非常複雜的。

在整個元素序列中，大約到鐵的位置以後，每個原子核都有分裂的趨勢，只是由於閘門阻止著才未分裂。在自然界發現的最後一個元素鈾，有最弱的閘門，1936 年由哈恩和他的同事史特拉斯曼在實驗中第一次打破的，就是這個元素。從這些精細的實驗室裡的實驗到 1942 年費米在芝加哥建成第一座原子鈾反應器，經過了很長的一段道路，要求大量的才能、勇氣、技巧、組織和金錢。決定性的發現是由中子碰撞而核分裂，同時放出幾個中子；這個過程要能控制到一定數量的中子不致逸出，或者不致與雜質碰撞而消失，以便產生雪崩似的新的核分裂，即產生獨立自足的反應。開始時沒有人能預言它的結果，但自然對它作了這樣的安排，以致一旦方法齊備，人類就馬上發現了它。它的利用是歷史上的一件偶然事件，是世界大戰的影響。1945 年 7 月 16 日爆炸的原子彈，其製造的技術花了 3 年的光陰和近 5 億美元。

相反的過程，即原子核熔合成更重的核（例如氫熔合成氦），是太陽和所有恆星的能源。在它們的中央部分，溫度和壓力都非常高，以致 4 個核子有可能按照一系列步驟透過連鎖反應結合起來。現時地球上已成功地利用鈾彈作為引火物質使 4 個核子結合起來，那就是我們現在既有的氫彈。這真是魔鬼似的發明，因為當時還不知道有什麼方法可以減輕其爆炸威力。但是最近已經宣布有方法控制這種反應了。

一切物質都是不穩定的，這點不容再懷疑了。如果不是如此，星星就不會發亮，太陽也不會發熱和發光，地球上就沒有生命。穩定性和生命是不相容的。因此生命必須冒著危險，或者是幸福的結局，或者是壞的結局。今天的問題是如何才能把最大的危險引向幸福的結局。

現在我想談談，如果人們的作為理智些，那就能獲得怎樣的幸福。首先是能源的問題。

原子核物理學的另一種和平應用方式，是利用原子反應器的放射性副產品生產出來的很多元素的不穩定的放射性同位素。可以用於許多目的：在醫藥、技術、農業等方面作為輻射源，以代替貴重的鐳，例如治療癌，進行材料試驗，透過演變創造植物的新品種等等。「示蹤元素」的觀念也許比這一切都更重要。把少量放射性同位素加到某種元素裡，觀測它們放出的輻射，就可能推知這種元素在化學反應中、甚至在生物有機體內的作用。生物化學中已經日益增加地利用這些方法進行實驗，這代表著我們在了解生命過程方面的一個新紀元。

所有這些，以及將來可能由此發展起來的事，都是偉大的事。聯合國在日內瓦召開的國際會議的工作能帶來豐富的成果。但我不禁要問，這樣一個技術天堂能否與原子彈的罪惡相抗衡呢？

……

愛因斯坦在臨死前曾和偉大的哲學家羅素以及其他人發表了一個明朗的聲明。在林多舉行科學討論會的 18 位諾貝爾獎金獲得者，化學家和物理學家，一致通過了一個同樣的宣言。讓他們今天像些夢想家吧，但他們是未來世界的建設者。

但沒有很多時間來等待他們的言辭生效了。一切都依賴於我們這一代人的才能，去重新調整我們對新事物的想法。如果不能這樣做，地球上的文明生活的日子就要到達末日。

因為地球上充滿了不可解決的矛盾：人們常聽到許多責難原子物理學家的話：所有的災難，不單是原子彈，還有那壞天氣，都是這些腦力活動者的過失。我曾力圖說明人類智力的發展必有一天將打開和應用儲存在原子核內的能。其所以發生得如此之快，如此完全，以致達到一種危急情況，則是由於一件悲劇性的歷史偶然事件：鈾分裂的發現正好是在希特勒當權的時候，而且正好就在他執政的德國，我目睹過這種使全世界為之震驚的恐怖。希特勒在開始時的成功，顯得他好像有可能征服地球上的一切國家。從中歐走出的物理學家都知道，如果德國能成為第一個生產原子彈的國家，那將是不可救藥的事。甚至終生是和平主義者的愛因斯坦也有這種憂慮，他曾被一些青年匈牙利物理學家勸說去警告羅斯福總統。戰爭後期對日本使用這種炸彈就是另外一回事了。我認為這是一樁野蠻行為，並且是愚蠢的行為。對此負責的不僅有政治家和軍人，還有杜魯門總統任命的在決策委員會裡當顧問的一小部分科學家。

我們必須學會忍讓，必須習慣於諒解和容忍，用助人的意願來代替威脅和武力。否則文明人類就要接近末日。因為我相信羅素是對的，他不倦地重複說，我們只能在共處與毀滅中作抉擇。讓我引述他的話作為結束：

在那數不清的歲月裡，日出日沒，月圓月缺，星光照耀於夜間。但只是由於人類的來臨，這些事物才得到了解釋。在天文學的宏大世界裡，在原子的微小世界裡，人揭開了曾被認為是不可理解的祕密。在藝術、文學和宗教中，有些人表現出崇高的感情，使人類值得保存下去。難道這些都將毀於淺薄的恐怖，就因為能夠想到人類的人太少，人們只是想到這群人或那群人？難道某一種族那麼缺乏智慧，那麼沒有公正的愛，那麼盲從，甚至看不到最簡單的自衛的教訓，以致為了最後證明他的愚蠢的聰明，就得毀滅我們的星球上的一切生命？因為這樣不僅人類將會死亡，而且動物和植物也會死亡。我不能相信這會是結局。

如果我們大家都不相信這一點，從而行動起來，結局就不會是這樣的了。

## 2.3　與父親一同下班回家的費米

卓越之處求卓越。在各種優秀的特質中，這是最為珍稀的。偉人必然有其優異之處，平庸之人從來不能贏得人們的喝彩。在不平凡的職位上出類拔萃，可使你別於俗世的庸才，而進入精英的行列。在微賤的職位上就算做得出色，也不是一件很微不足道的事情 —— 越是容易成功，便越算不得榮耀。在崇高的事業上追求卓越可使你具有王者氣質，將使眾人驚嘆不已，並贏得好感。

—— 《智慧書》（61）

恩利克 · 費米

—— 美籍義大利物理學家

1901 年 9 月 29 日，恩利克 · 費米出生於羅馬。1918 年進入比薩大學，1922 年獲得博士學位。繼而去德國哥廷根大學隨玻恩工作，後又去荷蘭萊頓大學隨艾倫費斯特工作。1924 年回到義大利，在羅馬大學任教，1925 年到佛羅倫斯大學任講師。1927 年回羅馬在帕尼斯佩納大道的物理研究所工作，並在羅馬大學承擔第一任理論物理講座。1938 年義大利頒布了法西斯的種族歧視法，由於費米的妻子是猶太血統，他於 1938 年 11 月利用去瑞典接受諾貝爾獎的機會，攜帶家眷離開義大利去美國，先在紐約哥倫比亞大學後在芝加哥大學任教。費米於 1929 年被選為義大利皇家學會會員，1950 年被選為英國皇家學會國外會員。為了紀念他所作出的貢獻，原子序數為 100 的元素以他的姓氏命名為鐨（ferium）。美國核能委員會設立了費米獎金，1954 年首次獎金授予他本人。1954 年 11 月 29 日費米病逝於芝加哥。終年 53 歲。主要著作有《基本粒子》等。

## 2.3.1 李政道、楊振寧的指導教授

### 1.「費米 - 狄拉克統計」理論

1926 年初，費米根據包立不相容原理，提出電子應服從的統計規律。這個統計規律也適用於服從不相容原理的其他粒子，如質子、中子，這對於理解物質的結構及其性質有很大的重要性。幾個月以後，狄拉克獨立地提出了相同的理論。因此後來稱由費米和狄拉克所提出的處理服從不相容原理的全同粒子的統計方法為「費米 - 狄拉克統計」。

### 2.「湯瑪斯 - 費米模型」的建立

1927 年冬，費米根據費米 - 狄拉克統計原理建立了一個原子結構的模型理論。在這以前不到一年，英國的湯瑪斯曾提出過相同的理論。但當時費米並不知道湯瑪斯的工作，他們都是各自獨立進行的；因此後來這一原子結構的模型理論被稱為「湯瑪斯 - 費米模型」。

### 3.「電弱統一理論」

為了解釋 β 衰變過程中電子能量連續分布的現象，包立於 1930 年提出微中子假說。當時包立以為這一假說不會被人認真對待，一直沒有公開發表。但費米卻認真接受了微中子假說，結合海森堡 1932 年提出的 β 衰變就是原子核內一個中子放出一個電子變為一個質子的過程這個設想，於 1933 年提出了 β 衰變理論，成功地解釋了 β 衰變

現象的許多特點。費米的 β 衰變理論已經有了不少發展，特別是在 1960 年代末 1970 年代初，它已和電磁相互作用理論相結合，演化成為電弱統一理論。此理論在低能弱相互作用現象中的等效形式仍與早年費米的 β 衰變理論的形式相同。因此一般都認為費米是弱相互作用理論的開創人。

**4. 實驗物理學中成果豐碩，並獲諾貝爾獎**

在實驗物理方面費米同樣作出了重要的貢獻。1934 年初，居禮夫婦用 α 粒子轟擊原子核產生人工放射性元素之後，費米就想到可以用中子轟擊原子核產生人工放射性元素。他和他的助手用中子照射了幾乎所有的化學元素，在短短幾個月中就發現了 60 多種新的人工放射性核素。1934 年秋，費米和他的合作者們還發現，就產生放射性的效率而言，對許多元素用慢中子照射比用快中子照射更為有效。這對以後發展核能的研究有重要意義。由於中子核反應的發現，費米獲得 1938 年諾貝爾物理學獎。

**5. 領導建立首座可控原子核分裂反應堆**

1939 年波耳去美國時告訴他鈾核分裂的消息後，費米就著手探索核分裂連鎖反應的可能性。在他的領導下，他和助手們在 1942 年 12 月 2 日在芝加哥大學建成世界上第一座可控原子核分裂連鎖反應堆，使它達到臨界狀態，產生可控的核分裂連鎖反應。這一成就是核能時代的一個重要里程碑。隨後費米參加了原子彈的研發工作，到美國新墨西哥州的洛斯阿拉莫斯實驗室任理事會委員。

**6. 為粒子物理學研究培育桃李**

為了反對把核能用於戰爭目的，費米於 1946 年初離職回到芝加哥大學任教，轉入粒子物理這個新領域的研究。一批有為的青年慕名來到芝加哥大學，聚集在他的左右，其中如楊振寧、李政道、蓋耳曼和張伯倫等人，後來成為有重要貢獻的物理學家。芝加哥大學的同步迴旋加速器建成以後，費米和他的小組於 1951 年發現了第一個核子共振態。

## 2.3.2 哥哥的意外離去

費米的父親阿爾伯特在鐵路行政機構工作，母親加蒂斯是小學老師，費米還有一個姐姐瑪麗亞和一個哥哥朱利奧。

費米從小表現出超過一般兒童的智力。剛剛脫離幼年時期的費米就和哥哥造出了他們自己設計的電動機，還繪製出飛機引擎的草圖(假如當時家裡有個風車之類的大器件，說不定會被他們拿來製造飛機翅膀)。

然而，小費米也缺乏某些兒童們討人喜歡的特點。例如：他長得很瘦小，也不吸引人，見到成人顯得十分害羞。他總是不太整潔，他母親帶他外出時，往往要讓他停下來在街上的泉水邊把臉洗乾淨，頭髮也從來不去梳理。上小學時，他的字寫得不好，再加上作文總是平淡、簡單，當時曾被理解為是缺乏想像力，個人精神缺失，然而，這一點在後來卻成為費米撰寫科學論文的寶貴財富 —— 直截了當地說明要點而不加任何修飾，避免使用任何一個沒有必要的詞彙。

1905 年冬天，一個突發事件打擊了費米全家，也深深地擾亂了小費米精神世界的寧靜。事情是這樣的：起初，費米的哥哥朱利奧的嗓子生了一個膿包，不久，那個膿包就發展到呼吸困難的程度。醫生建議動個外科手術，理論上說，這只是個小手術，可是，當家人在醫院大廳裡等候的時候，他們被突然告知朱利奧在麻醉劑還沒打完時就意外死亡了。對費米來說，這次事故簡直就是上帝降下來的一場噩夢，讓他措手不及。從小，哥哥是他一貫的伴侶和唯一的朋友。他們一起學習，一起玩耍，不習慣去找別人，兩個人彼此互補形成了一個整體，就像兩個原子結合形成了一個分子。現在，孤零零地剩下小費米一個人，他只有把哀思埋在心底的最深處，在寂寞的時候悄悄消化。

哥哥去世後的一個星期，小費米獨自一人步行到哥哥死的那所醫院，14 歲的費米似乎想證明，他是能夠克服那所可怕的醫院在他內心激起的悲傷的。

平靜之後，只有一件事情可以讓費米填補那些孤獨憂鬱的時光了 —— 學習。他全身心地投入學習，跟隨他對科學如飢似渴的興趣默默走著。在戶外，他也和其他孩子一樣，去參加各種體育鍛鍊，他們玩球，玩一種被稱為「法國戰」的遊戲。不過，這些玩伴只是相識而已，並不是哥哥那般默契的朋友。回到家裡，他憑著興趣投入自發的學習，但不是作為學校的要求而學，因為他用不著做什麼功課就能保持在班上名列前茅。

費米喜歡數學和物理，但其中一個主要的困難是尋找書籍。費米沒什麼零用錢，他的父親又沒有藏書。於是費米成了百花廣場上一個勤勤懇懇的常客。著名的露天市場每逢星期三在這裡開市，收藏家們往往會在這裡發現古書和印刷品、藝術品以及各種各樣的古物。在百花廣場上，精於還價藝術的專家能夠壓價買到各種東西，從活魚到鮮花，從舊衣服到各種藝術珍品，當然也包括費米需要的數學和物理書籍。

費米一個星期三接一個星期三地耐心搜索百花廣場，他一買到書就回到家把書拿給姐姐看，而姐姐的愛好是文學、哲學和宗教，而絕不是數學和物理學。有一次，費米從百花廣場帶回一部論數學物理的兩捲著作，他告訴姐姐說，他要立刻開始閱讀。

「這部書多麼有意思啊。你一點也想像不到，我正在學習各種波的傳播！」

「妙極了！它解釋了行星的運動！」

當他讀到〈論海洋潮汐的循環〉那一章時，他的熱情達到了頂峰。最後，他讀完全書，又一次走到姐姐面前：

「你知道嗎！」費米說，「這部書是用拉丁文寫的，等看完全書，我才注意到這一點。」

沒過多久，一個叫佩爾西科的孩子取代了去世的朱利奧在費米生活中的位子。恩里科．費米和恩里科．佩爾西科不只是名字相同，他們的趣味、科學才能和愛好都很相似。他們一起去百花廣場耐心地搜索，買到幾本書後就輪流閱讀。

隨著他們的物理學知識不斷向廣度和深度發展，這兩個朋友就自己著手把它應用於一些實驗上。他們用自己所能得到的簡陋設備，做出了一些足夠準確的測量，例如地球磁場的測量。他們還試圖解釋若干種自然現象，並且有很長一段時間，他們還對那在他們看來似乎是大自然最深邃的奧祕感到困惑不解。像大多數孩子一樣，他們經常玩陀螺，陀螺是很流行的，因為並不費錢。但他們又和大多數孩子不同，他們曾試圖解釋陀螺的奇異行為。他們把纏在陀螺上的繩子拉開拉得越猛，陀螺就應轉得越快，這一點似乎是直觀地符合邏輯的。但為什麼一個迅速旋轉的陀螺會保持它的軸垂直向上，甚至如果開始時軸並不豎直，後來也竟能直立起來呢？他們不明白這是什麼原因。他們也無法理解，為什麼當運動逐漸慢下來，軸便傾斜與地面成一個夾角，並以這樣一種方式運動，使得陀螺的頂部會描出一個圓來。此外，他們也說不出在什麼速度下會出現這種變化。

一種奧祕對喜歡追根究底的頭腦是一個挑戰。解決這種奧祕成了這兩個孩子最關心的事。他們不談任何別的，任何別的事似乎都同他們不相干。他們從教科書中所學到的力學概念是初步的，不能直接用到陀螺的運動上來。但他們不肯罷休，到了最後，費米得出了一種說得通的陀螺儀理論，但他所走的道路是費事的、迂迴的。如果他當時懂得較高年級的學生所熟知的兩條定理，他就會節省許多時間和精力。

從哥哥去世到中學畢業這段時期裡，費米得到了他父親一個同事的指導。費米已經養成到父親辦公室去接他父親，然後一塊步行回家的習慣。父親的同事阿米代伊也常常跟他們同行。阿米代伊是一個天性熱情洋溢的人，他很快就對這個孩子的清晰的思想、數學的才能和對科學的興趣產生了深刻的印象，最初，他以一種逗著玩的態度給費米出了幾道題讓他去做，同時說明這些題目肯定高於他的水準，還說明他並不期望他把那些題都解答出來。

但是這個孩子都解答出來了。他要求出一些更難的題目，並且又成功了。這是些阿米代伊本人也沒有能力解答的題目。因此，這位長者對他的這個年輕朋友的興趣便轉變成為讚賞了。他把自己所有的幾本書，按合理的順序一本接一本地借給費米，使他能奠定數學原理的健全基礎和獲得基本的物理學知識。費米自己，則以他在百花廣場上買下的那些書來補充從阿米代伊那裡借來的書籍。這樣，在阿米代伊的精心培養和照顧下，想成為一個物理學家的想法就在費米心裡種下了根。1918 年，費米中學畢業，在阿米代伊的建議下，費米報考了比薩的皇家高等師範學院。他必須進行的那場入學考試，給他提供了第一次使自己在學術界中出名的機會。

主考官後來給他的評價是「出類拔萃的」。

### 2.3.3 馮・卡門：《波耳、費米、愛因斯坦印象》

……

不時會有舉世聞名的大科學家光臨舍下，這使我感到不勝榮幸。有原子物理學之父稱號的丹麥物理學家波耳和夫人瑪格麗特，每次來帕沙迪納準要到我家看看。我跟波耳家有多年交往，在哥廷根，我就認識他的哥哥、數學家哈羅德。1911 年，我跟波耳在英國初次會面，正是那年，他提出了振奮人心的原子結構新理論。

波耳是個身材高大、態度和藹的人。他在各種社交場合都能怡然自得。有件趣事，至今我一想起來還感到忍俊不禁。他在星期日家宴上出了一個洋相，讓我看出了他也是那種心不在焉的大學教授。那天晚上，我在他面前放了一個彩色酒杯，我給別人酒杯裡倒滿了法國白蘭地，卻忘了給他斟酒。

波耳一邊暢談自己的原子結構理論，一邊拿起那個空酒杯喝酒，他這樣接連空喝了三次後，我再也沉不住氣了。

「尼爾斯，您喝的是什麼？」我問他。

波耳愣了一下，再往酒杯裡看看，「啊喲！」他驚奇地說，「我也奇怪，怎麼一點兒酒味也嘗不出呢？」

……

費米是最早完成原子核分裂實驗的傑出的義大利物理學家。他每次到帕沙迪納也總要來我家。1939 年，費米之所以移居美國，一方面因為對美國感興趣，另一方面因為娶了一位猶太血統的義大利海軍上將的女兒。墨索里尼上臺後大搞反猶太主義，於是他當機立斷，取道斯德哥爾摩到美國安家落戶。幾年前，他由於人工放射性方面的成就在美國接受了諾貝爾獎金。他第一次到帕沙迪納來看我時，我和妹妹特地為他舉行了家宴，還邀請了許多社會名流出席作陪。在宴會上他有些局促不安，後來到了深夜，他把我拉到一旁。「親愛的卡門，你幫我辦件事。」、「什麼事？」、「我想到好萊塢去看看。」

這時我才恍然大悟，他心神不定原來是為了這件事。這可把我逗樂了，我問他為什麼對電影那麼感興趣。

「一個人到了羅馬總想見見教宗，」他回答說，「我到了加利福尼亞總該去見識見識拍電影吧！這難道不是很自然的事嗎？」

我和妹妹在好萊塢有不少朋友，其中有出名的匈牙利明星盧卡斯、羅葛茜。因此我不費什麼事就在電影製片廠為費米準備了一個午餐會。我們一同參觀了布景設備，又跟一些男明星和漂亮的女明星暢談了一陣。事後，費米眼睛裡流露出愉快的神情對我說，光憑這一點就值得到美國來。

……

愛因斯坦也是我家的常客。在他身上我發現了一個誠懇而善良的靈魂。他具備的一切特質，正是我在探索自然的道路上畢生所追求的。

1911 年我在哥廷根大學第一次見到愛因斯坦。那是他到學校來和希爾伯特、閔可夫斯基共同指導一個學術討論會。這個歐洲最著名的學術討論會曾經推動很多人去鑽研物理學上的新課題。此後過了好多年，我們才在柏林的一次學術討論會上重新見面。在那次會上，他和能斯特、普朗克宣講了熱力學基礎理論。1931 年，他應德國政府資助的費城德美文化協會邀請，以德國政府代表身分初次訪問美國。他到達美國時受到了德國駐洛杉磯領事的歡迎；從帕沙迪納回國時，領事又親自到場送行。愛因斯坦到美國不久德國政府發生更迭，希特勒取代了興登堡。愛因斯坦離開美國不到一個月，那位領事就被希特勒召回德國。

愛因斯坦到達帕沙迪納時受到了許多社會名流的歡迎。那天場面很大，四周擠滿了歡迎的人群；兒童們手裡都拿著鮮花。在市政府大禮堂前面舉行歡迎儀式過程中，他看到我也在那裡就滿面笑容走過來和我握手。

「啊！親愛的卡門，」他說，「在這裡見到你我真高興。我有個問題要問你。」他把我拉到一旁用手指指廣場上的噴泉，那噴泉頂上有一個翻滾、彈跳著的小球。「你解釋解釋為什麼小球不會從噴泉頂上掉下來。」

我對他說，如果小球重量和噴水的動量之間保持某種恰當的關係，一旦小球出現在噴泉頂部，就會停留在那裡按水力學規律運動，它一偏離平衡位置就自動校正，因此始終不會掉下來。

「Sehr gut（好極了）」他點點頭，然後又回去參加歡迎儀式。

……

## 2.4　近代科學的始祖笛卡爾

至善至美的境界。我們並非天生完美之人，因此應日求漸進，做到德業兼修，直至盡善盡美，稟賦圓成，成就非凡。完美與否，如何判斷？這正是大家所常說的：品味是否純正，頭腦是否清醒，判斷是否成熟，意志是否堅定。有些人從來達不到至善的境界，總是有所欠缺；另外一些人則大器晚成。完美之人，言辭中透出智慧，行事謹慎小心，會使賢達之人樂於與之為伍，甚至追隨。

——《智慧書》(6)

R · 笛卡爾 (2.10)

—— 著名的法國哲學家、數學家、物理學家，

解析幾何學奠基人之一

1596 年 3 月 31 日笛卡爾生於法國圖倫一個貴族家庭，1650 年 2 月 11 日卒於瑞典的斯德哥爾摩。笛卡爾早年就讀於拉弗萊什中學時，因孱弱多病，被允許早晨在床上讀書，養成了喜歡安靜善於思考的習慣。1612 年在普瓦捷大學攻讀法學，四年後獲博士學位。1618 年從軍，到過荷蘭、丹麥、德國。1621 年回國，因法國內亂，又去荷蘭、瑞士、義大利旅行，1625 年返回巴黎。1628 年移居荷蘭，從事哲學、數學、天文學、物理學、化學和生理學等領域的研究，並透過數學家梅森神父與歐洲主要學者保持密切聯繫。他的著作幾乎全都是在荷蘭完成的。1649 年冬天，他應邀去為瑞典女王授課，1650 年

初患肺炎，同年 2 月病逝。主要著作有：《幾何學》、《哲學原理》、《方法論》、《形而上學的沉思》、《論靈魂的激情》等。

笛卡爾座標系、解析幾何的創始人；他的天體演化的漩渦模型應該是「星雲假說」的前身；他的名言：「我思故我在。」

## 2.4.1 笛卡爾座標系

笛卡爾在科學上的貢獻是多方面的。但他的哲學思想和方法論，在其一生活動中則占有更重要的地位。他的哲學思想對後來的哲學和自然科學的發展，產生了極大的影響。

**1. 他說：「我思故我在」**

笛卡爾強調科學的目的在於造福人類，使人成為自然界的主人和統治者。他反對經院哲學和神學，提出懷疑一切的「系統懷疑的方法」。但他還提出了「我思故我在」的原則，強調不能懷疑以思維為其屬性的獨立的精神實體的存在，並論證以廣延為其屬性的獨立物質實體的存在。他認為上述兩實體都是有限實體，把它們並列起來，這說明了在形而上學或本體論上，他是典型的二元論者。笛卡爾還企圖證明無限實體，即上帝的存在。他認為上帝是有限實體的創造者和終極的原因。笛卡爾的認識論基本上是唯心主義的。他主張唯理論，把幾何學的推理方法和演繹法應用於哲學上，認為清晰明白的概念就是真理，提出「天賦觀念」。

笛卡爾的自然哲學觀同亞里斯多德的學說是完全對立的。他認為，所有物質的東西，都是為同一機械規律所支配的機器，甚至人體也是如此。同時他又認為，除了機械的世界外，還有一個精神世界存在，這種二元論的觀點後來成了歐洲人的根本思想方法。

### 2. 他製作了矯正視力的透鏡

1619 年讀了克卜勒的光學著作後，笛卡爾就一直關注著透鏡理論；並從理論和實踐兩方面參與了對光的本質、反射與折射率以及磨製透鏡的研究。笛卡爾運用他的座標幾何學從事光學研究，在《屈光學》中第一次對折射定律提出了理論上的推證。他還對人眼進行光學分析，解釋了視力失常的原因是晶狀體變形，設計了矯正視力的透鏡。

在力學上，笛卡爾發展了伽利略的運動相對性的思想，例如在《哲學原理》一書中，舉出在航行中的海船上海員懷錶的表輪這一類生動的例子，用以說明運動與靜止需要選擇參考物的道理。

笛卡爾在《哲學原理》第二章中以第一和第二自然定律的形式比較完整地第一次表述了慣性定律：只要物體開始運動，就將繼續以同一速度並沿著同一直線方向運動，直到遇到某種外來原因造成的阻礙或偏離為止。這裡他強調了伽利略沒有明確表述的慣性運動的直線性。

他還第一次明確地提出了動量守恆定律：物質和運動的總量永遠保持不變。對碰撞和離心力等問題曾作過初步研究，給後來惠更斯的成功創造了條件。

### 3. 他創立了天體演化的漩渦說

笛卡爾把他的機械論觀點應用到天體，發展了宇宙演化論，形成了他關於宇宙發生與構造的學說。他創立了漩渦說。認為太陽的周圍有巨大的漩渦，帶動著行星不斷運轉。物質的質點處於統一的漩渦之中，在運動中分化出土、空氣和火三種元素，土形成行星，火則形成太陽和恆星。

他認為天體的運動來源於慣性和某種宇宙物質漩渦對天體的壓力，在各種大小不同的漩渦的中心必有某一天體，以這種假說來解釋天體間的相互作用。笛卡爾的太陽起源的乙太漩渦模型第一次依靠力學而不是神學，解釋了天體、太陽、行星、衛星、彗星等的形成過程，比康德的星雲說早一個世紀，是 17 世紀中最有權威的宇宙論。

**4. 數學方面**

笛卡爾最傑出的成就是在數學發展上創立了解析幾何學。在笛卡爾時代，代數還是一個比較新的學科，幾何學的思維還在數學家的頭腦中占有統治地位。笛卡爾致力於代數和幾何聯繫起來的研究，於 1637 年，在創立了座標系後，成功地創立了解析幾何學。他的這一成就為微積分的創立奠定了基礎。解析幾何直到現在仍是重要的數學方法之一。

## 2.4.2 「我的小哲學家」

笛卡爾兩歲喪母，深受父親溺愛。父親是不列塔的地方議會的議員，而且是一個相當富有的律師，擁有相當可觀的地產。笛卡爾從小孱弱，但好奇心強，勤學好問，父親親暱地稱笛卡爾是「我的小哲學家」。後來他的父親去世，給笛卡爾留下了一筆遺產。這使他此後的一生中有可靠的經濟保障，得以從事他自己喜愛的工作，笛卡爾 8 歲時被送進當時歐洲最著名的教會學校拉弗萊什耶穌會學校。這個學校給他打下的數學基礎，比當時在大多數大學裡能夠獲得的根底還強得多。1612—1616 年笛卡爾遵父命去普瓦捷大學學習法律。在獲得法學博士學位後，他去巴黎當律師。笛卡爾厭煩巴黎花花世界的生活，他躲避到巴黎僻靜的郊區，在那裡潛心研究幾何學。笛卡爾不滿足書本知識，決心要走向社會，「去讀世界這本大書」。於是笛卡爾到荷蘭從軍。由於那時荷蘭太平無事，他享受了兩年不受干擾的沉思。有一天笛卡爾在荷蘭布雷達的街上散步，偶見一張數學題懸賞的啟事，能解答者將獲得本城最優秀的數學家的稱號。兩天後，笛卡爾果然解出了這個題目。這使得荷蘭的多特學院院長皮克曼大吃一驚。從此，他與笛卡爾志同道合，後來成為獻身科學的莫逆之交。皮克曼向笛卡爾介紹了數學的最新發展，給了他許多有待研究的問題。與皮克曼的交往，使笛卡爾對自己的數學和科學能力有了較充分的認識，他開始認真探索是否存在一種類似於數學的、具有普遍運用性的方法。

1619 年冬天，笛卡爾隨軍駐紮在多瑙河畔，他專心致志地思考數學與哲學問題。他不滿意歐幾里得幾何學，認為「它只能使人在想像力大大疲乏的情況下，去練習理解力」；他也不滿意當時的代數學，認為它「成為一種充滿混雜與晦暗、故意用來阻礙思想的藝術，而不像一門改進思想的科學」。他曾待在巴伐利亞一間房子裡，整天深思。晝有所思，夜有所悟。1619 年 11 月 11 日夜笛卡爾說他連續做了三個奇特的夢，於是經過獨立思考他得出兩個結論，第一，如果要發現真正的知識，必須靠自己去實行整個研究計劃，正如一件上好的藝術品或一幢完美的建築，總是伴隨著獨創的才智；第二，在方法上，必須以懷疑當時的哲學的所有內容為出發點，並尋找自明的確定的原理，在此基礎上重新構造出一切科學。因而有人說，他的夢就是建立解析幾何的線索，這一天是笛卡爾思想上的一個轉折點。

笛卡爾的數學成就與他的數學觀密切聯繫。在他的哲學著作中有許多地方體現了他對數學的看法。他主張把邏輯、幾何、代數三者的優點結合起來而丟棄它們的缺點，從而建立起一種真正的普遍的數學。他在《幾何學》一書中說：「在分析問題中，若認為該問題可解時，首先把要求出的線段和所求的未知量，用名稱表達出。然後，弄清已知和未知線段的關係，按照正確的邏輯順序，用兩種方法表示同一量，並建立相等的關係，把最後得到的式子叫做方程式。」顯然，笛卡爾幾何是以「解析」作為方法的，即把對圖形的研究轉化為對方程式的研究。這充分顯示了笛卡爾的睿智，這的確是幾何學研究中的一次大革命。在這種思想下，他引入「座標」觀念。當滿足方程式的變數（x，y）變化時，座標（x，y）的點畫出的是曲線。希臘人認為「線是點的集合」，笛卡爾卻認為「線是點運動的結果」。由此看來，笛卡爾關於「線」的定義與希臘人的顯著區別在於「動」與「靜」。這種思維方法給牛頓等大數學家以很大的影響。笛卡爾當時創立了座標幾何，但還沒有引入現今通用的 xoy 直角座標系。他認為在一條長為 x 的線段 AB 的端點 B 處，垂直地畫一條長為 y 的線段 CB，用此表示 x 和 y 的對應。在幾何學中他用字母表中的小寫字母 a、b、c 等代表已知量；x、y、z 等代表未知量，這種方法一直延續至今。

笛卡爾座標幾何的建立，實現了用代數來研究幾何，為數學引入了新的思想，使代數方程式和曲線曲面等聯繫起來，並引入了變量，從而改變了數學的面貌，使幾何的目標可以透過代數達到，而代數的語言可以用幾何解釋。笛卡爾的思想，對數學的發展產生了深遠的影響。

## 2.4.3 笛卡爾：《方法導論》

《方法導論》是笛卡爾最偉大的哲學著作。在《方法導論》的書目中，他只列了四條，我們可以歸納如下：

**規則一：絕不承認任何事物為真，除非我明明白白知道它確實為真。**

第一條規則告訴人們要謹慎處事，避免疏忽和成見。判斷不要越過事物在心眼前所呈現的明顯與清晰的範圍，不含任何可疑的因素。笛卡爾所謂的明顯與臆測是相對立的，明顯是指呈現在眼前的事實，在心中所產生的結果。用傳統的說法，直觀就是明顯，是心靈到達明顯的活動。顯然，這條規則是根據數學的直觀而來的，所以按照笛卡爾的看法，它絕不是感觀所提供的不穩定證據，也不是幻想所編織出來的海市蜃樓，而是一個了解的觀念，是純理智的專一獲得的觀念。這個觀念極其簡單而容易、明顯而清楚，使我們對認識的對象不但知道其內容，而且也了解自己知道的內容。換句話說，就是明白這觀念的存在，沒有絲毫疑惑的可能。直觀乃是理智用以攫取自我觀點的方式，是一種純理智的行為。所謂明（clearity）與晰（distinction）是該明顯或直觀的兩大特徵。

「明」是指一個觀念在理智中對於注視它的心眼透徹地呈現自己，沒有絲毫隱瞞。「晰」是指一個觀念，顯出自己與其他觀念有分別，因為它所含的因素與其他觀念所含的因素迥然各異。因此，「晰」肯定了「明」，但是「明」卻未必「晰」，「晰」和觀念的單純性特別有關係。

所以，我們可以簡單地說：明晰是心靈的基本行為，笛卡爾稱它為直觀。在《探求心靈的規則》一書中，他把它列在演繹旁邊，視二者為理智的僅有活動。同時直觀也是明晰的行為，心靈的自我透視。

**規則二：將我們所要檢查的每一難題，盡可能分解成許多部分，以作為妥善解釋這些難題的要害。**

在上一規則中，笛卡爾已暗示，一切難題之所以為難題，是因為複雜的緣故。如果將一個難題分解成為千千萬萬個微小的部分，使其單純化則難題也就不成為難題了。因為笛卡爾深信，單純的亦是明顯的，所以這條規定，一方面叫我們確定困難之所在及其範圍；另一方面也叫我們把難題分析為簡單而絕對的部分，以便逐一加以觀察，因為一旦發現了問題的絕對部分，則其答案也就在其中了。

分析的主要任務，就是要找到最簡單的東西、最簡單的事實或命題。這就是從個別去找一般，從具體走向抽象，這個過程是透過對具體事物的分割來進行的。找到了最簡單的東西即是分析過程的完結。

**規則三：依照次序引導我們的思想，由最簡單、最容易認識的對象開始，一步一步地上升到最複雜的知識。**

把全部事物看作是一個從絕對到相對、從簡單到複雜、相互依賴、相互聯繫、層層隸屬的有順序的系列，認識以最簡單的事物為起點，「然後，一步一步地前進，探詢其他的真理是否能從這個真理中推演出來，並且另外一些真理又從這些結論推演出來，等等，這樣依次進行下去」。這條規則是根據這樣一個信念：假定一切事物皆有一種程序。如果不能在事物本身找出一種自然的程序，至少也應當給它構想出一種邏輯的程序。這樣，分析與綜合兼用才是完美齊全。因為綜合的原則是：先確定定義和公理，然後借助幾何式的證明程序，由單純的定義和公理到達複雜的知識。

**規則四：處處做周全無誤的核算與普遍不漏的檢查，直到足夠保證沒有遺漏任何一件為止。**

這條規則的設立，是為了輔助分析與綜合的應用。它包含檢驗綜合的步驟和清點校核分析的部分，使在演繹時嚴格地遵守演繹的連貫性，不使其有越級的情形發生以保證真理的明晰和必然。

## 2.5 從不拘泥於教科書的費曼

品性與智慧，是組成人類才能的兩個要素。要走向幸福生活，缺少哪一個都將半途而廢。僅僅擁有智慧是不夠的，還要有好的品性。蠢人的不幸，在於沒有獲得適合他的地位、職業、鄰居與朋友圈子。

——《智慧書》(2)

理察·菲利普·費曼

——美國著名物理學家

1918 年 5 月 11 日費曼出生於美國紐約皇后區小鎮的一個俄羅斯移民猶太裔家庭。1935 年進入麻省理工學院，先學數學，後學物理。1939 年大學畢業，畢業論文發表在《物理評論》(*Phys.Rev.*) 上，內有一個後來以他的名字命名的量子力學公式。1939 年 9 月在普林斯頓大學當惠勒的研究生，致力於研究量子力學的疑難問題：發散困難。1942 年 6 月獲得普林斯頓大學理論物理學博士學位。1943 年進入洛斯阿拉莫斯國家實驗室，參加了曼哈頓計畫。1945 年 6 月 16 日，費曼的第一個妻子阿琳去世。同年費曼開始在康乃爾大學任教。1951 年轉入加州理工學院。在加州理工學院期間，因其幽默生動、不拘一格的上課風格深受學生歡迎。1965 年費曼因在量子電動力學方面的貢獻與施溫格、朝永振一郎一同獲得諾貝爾物理學獎。1986 年，費曼受委託調查「挑戰者」號太空梭失事事件，在國會用一杯冰水和一枚橡皮環證明出事原因。1988 年 2 月 15 日，費曼因癌症逝世。主要著作有：《基本粒子和物理學法則：1986 年 Dirac 回憶講義》、《費曼物理學講義》、《量子電動力學》、QED：The Strange Theory of Light and Matter、《統計力學》、《過程理論基礎》、《量子力學和路線積分》、《引力學講義》、《計算講義》、《費曼最後的講座：太陽的行星》、《Quantum Entanglement 和計算革命》、《物理之美》、《量子電動力學》、《你管別人怎麼想》、《別鬧了，費曼先生》、《這個不科學的年代》等。

## 2.5.1 「挑戰者」號失事的原因

費曼發展了用路徑積分表達量子振幅的方法，並於 1948 年提出量子電動力學新的理論形式、計算方法和重正化方法，從而避免了量子電動力學中的發散困難。目前量子場論中的「費曼振幅」、「費曼傳播子」、「費曼規則」等均以他的姓氏命名。

費曼總是以自己獨特的方式來研究物理學。他不受既有的薛丁格的波函數和海森堡的矩陣這兩種方法的限制，獨立地提出用躍遷振幅的空間 - 時間描述來處理機率問題。他以機率振幅疊加的基本假設為出發點，運用作用量的表達形式，對從一個空間 - 時間點到另一個空間 - 時間點的所有可能路徑的振幅求和。這一方法簡單明瞭，成了第三種量子力學的表述法。

費曼有一種特殊能力，就是能把複雜的觀點，用簡單的語言表述出來，這使得他成為一位碩果累累的教育家。在獲得的諸多獎項中，他特別感到自豪的，是 1972 年獲得的奧爾斯特教育獎章。最初出版於 1962 年的《費曼物理學講義》被《科學美國人》這樣讚譽：「儘管這套教材深奧難懂，但是它的內容豐富而且富有啟發性。在它出版

25 年後，它已經成為講師、教授和低年級優秀學生的學習指南。」費曼自己則在前言中寫道：「我講授的主要目的，不是幫助你們應付考試，也不是幫你們為工業或國防服務。我最希望做到的是，讓你們欣賞這奇妙的世界以及物理學觀察它的方法。」

為了促進普通大眾對物理學的理解，費曼撰寫了《物理定律的特徵》和《量子電動力學：光和物質的奇特理論》等。同時還發表了許多高深的專業論文和著作，這些論文和著作已成為研究者和學生的經典文獻和教科書。

費曼還是一位富有建設性的大眾人物。1986 年，「挑戰者」號失事後，費曼做了著名的 O 形環演示實驗，只用一杯冰水和一枚橡皮環，就在國會向大眾揭示了「挑戰者」號失事的根本原因 —— 低溫下橡膠失去彈性。1960 年代，費曼還在加州課程設計委員會上，為反對教科書的平庸，作出了努力。

除了作為一名物理學家以外，在他一生中的不同時期，他還是無線電修理者、保險櫃密碼破解高手、藝術家、舞蹈愛好者、手鼓演奏者和馬雅象形文字的破譯者。在廣為流傳的逸聞中，他常與拉斯維加斯的脫衣舞女和賭徒聊天。他對世界充滿好奇，是一個典型的經驗主義者。

費曼經常發出驚世駭俗之語，比如下面的兩句名言：

「Physics is to math what sex is to masturbation.」

（「物理之於數學好比性愛之於手淫。」）

「Physics is like sex: sure, it may give some practical results, but that's not why we do it.」

（「物理跟性愛有相似之處：是的，它可能會產生某些實在的結果，但這並不是我們做它的初衷。」）

## 2.5.2「女人味的男人」

費曼的父親梅爾維爾．費曼是個服裝商人，母親叫露西爾．菲利普斯。關於費曼的出生有這樣一段傳奇：當露西爾初次懷孕時，梅爾維爾曾預言說：「如果是男孩子，他會成為科學家。」梅爾維爾也一直以這種科學的方式引導費曼的成長 —— 迷信和信念有時候很難劃清界限。

在費曼童年時，有一次他在玩手推車，偶然注意到當把車子突然向前一推時，車子裡的皮球會向後滾。他問父親為什麼會發生這種事，得到的是這樣的答案：「沒人知道這是為什麼。普遍的原理是運動的東西有保持運動的趨勢，靜止的東西有保持靜止的趨勢除非你用力去推它們。這種趨勢被稱為『慣性』，但沒人知道為什麼會如此。」這代表了對物理學的本質和對世界的本質的一種深刻的觀念，正是這種觀念，一直激勵著費曼在他的一生中都保持著對一切人們習以為常的事物的懷疑，不斷地探尋最基本的真理，他從不認為某個過程已經賦予了名稱，人們就理解了過程本身。

費曼從小就表現出了驚人的數學才能，他總是能用一些意想不到的方法解答數學題目。升入中學後，他已經是著名的「數學天才」，高年級的同學總是拿一些棘手的數學作業來找費曼，而他總是迎刃而解。費曼這樣做並非是為了討好那些大男生，而是他實在無法抗拒這種挑戰。倒是這些大男生總是想幫費曼做點事情，因為費曼對他們來說太有用了。

那時的費曼只對兩件事感興趣：數學和女孩。而費曼偏偏在女孩子面前總是顯得很腼腆，他自己也常被視為「女人味的男人」。在這方面，其他人可是幫了不少忙。有一次在海灘，大多數男孩都在和女孩們說笑，而費曼卻單獨在一旁嘀咕著：「哎，要是芭菠拉和我去看電影就好了……」這麼一句話，旁邊的一個膽子大的男孩興奮起來，他跑上石堆，找到芭菠拉，一邊推她過來，一邊大聲嚷嚷：「費曼有話對你說！」一下子周圍所有男孩女孩都圍了過來 —— 這是費曼的第一次約會。費曼在女孩這方面確實是比較薄弱，然而他後來的妻子艾蓮卻是當時學校裡的女神，這可能要歸結為費曼不拘一格的數學才能的吸引力。

費曼第一次上代數課的時候，他對所要學的東西厭煩得簡直要哭出來。他沉默了一段時間，然後告訴老師他已經知道老師將要給這個班學生講的東西。作為測試，數學部的負責人出了一道題讓他解答，對他來說這道題的確很難，但是他觸及到了問題的核心，這使老師明白他的確懂得代數學的一些知識。因此他被安排到這門課的一個特別班裡，班裡的學生是有過不及格而重修這門課的，這樣就不用從頭講起。該班的老師穆爾是個非常靈活的人，足以應付費曼的早熟。在這裡，他遇到了一類新問題。穆爾小姐讓班裡的學生解 $2^x = 32$ 這個方程式，沒人知道從何入手，他們沒有解這類問題的一套法則。可是費曼並不需要一套法則，他直接得出方程式的解是 $x = 5$，因為 5 個 2 相乘等於 32。這種事對費曼來講是不言自明的，可對班裡的其他人並非如此，這個事實是證明他和班裡其他學生的確不同的一個最初跡象。

當費曼成為學校數學代表隊的明星出現在「校際代數聯盟」，與其他學校競賽時，他與眾不同之處就明顯地表現了出來。參加競賽的兩方學校各有 5 個選手，每個選手都獨立完成題目。他們可以在紙上寫任何東西，只要每個選手最後把自己認為正確的答案用筆畫上一個圈，時間是 45 秒，最後的評判以圈中的數字為準。實際上如果用書上的法則來解答問題，在有限的時間裡幾乎不可能做完，必須找到更簡便的方法。這正是費曼的強項，他總是第一個在數字上畫好圈，然後悠閒地等待下一個題目，這種訓練對他後來的科學生涯很有用，他始終保持著迅速簡捷地解答數學問題的能力，從不拘泥教科書中的方法。他後來對朋友說：「我想找到公式，我並不在乎古希臘人甚至是古巴比倫人是否已經得到了，那些事我沒有興趣。這是我的難題，從中我得到了樂趣。」

當費曼在接觸到研究三維形體的立體幾何時，他才第一次瞥見了自己在數學上的失敗。他被徹底擊倒了，儘管他能用老師所教的一些法則做適當的運算，但他一點也不明白老師所講的東西。他一度和那些只能用代數法則解方程式，卻根本不知其所以然的同學們一樣了。不過，事情終於有了轉機。幾個星期以後，他了解到畫在黑板上的那團線條其實代表的是三維的物體，而並不是兩維的古怪圖形，於是一切都變得一目瞭然，對這門課他再也不感到困難了。直到從事科學研究之後他還說：「那是我唯一一次體驗普通人的感受。」

費曼表面上看來好像經歷了整個傳統體制的教育，實際上，他對科學知識的學習是脫離課堂教學而自學獲得的，學校教的簡單知識根本不能滿足費曼的學習欲望，老套的陳舊思路尤其使他厭惡。可他卻總能輕鬆地通過考試 —— 從應試這點來說，他倒是個模範生。

1935 年，費曼考入麻省理工學院。在那裡他讀到了不少物理學的新書，不久他的理想就由做數學家變成為做物理學家，而他的數學基礎無疑為他在物理學中取得成就奠定了堅實的基礎。

### 2.5.3 費曼：《教授的尊嚴》

我相信，如果不是教書，我不會真正成功。因為，這樣，我在做某種事情，而又沒有任何想法沒有任何進展的時候，可以對自己說：「至少我存在著；至少我做了些事情；我已經做了某些貢獻。」——這僅是心理上的。

1940 年代，在普林斯頓的時候，我有幸能夠看到這個高級研究所中那些聰慧卓絕的人做了些什麼，由於他們具有驚人的才智，就被特別選拔進來，榮獲躋身於這座高尚的木質板房的機會。不教課，也不負任何責任。這些可憐的傢伙現在可以坐下並自己思考一切了，是嗎？但事實上，他們不可能一段時間就產生一個新思想：他們似乎有各種機會去做某些事情，但是不可能經常產生新思想。我相信在這樣的情形下，一種自疚和壓抑會折磨你，使你開始為自己的思想沒有任何新意而焦急。你感到什麼事情也沒做，什麼也想不出來。

由於沒有足夠實在的推動力和緊迫感，事情就會很平淡：不和做實驗的人接觸，不必考慮如何回答學生的問題，什麼也沒有！

在任何思考過程中，都存在著進展順利、出現好的思想苗頭的階段，這時教書就是一個妨礙，並成為世界上最令人生厭的累贅了。然後又是一個思維貧乏的較長時期。如果你沒有教書，什麼也沒做，會使你神經質的！你甚至不能說：「我在教書。」

如果你正在教一門課，你可以思考你已很清楚的一些基本東西。

這些東西是有趣的，令人愉快的。重新接觸它們不會有任何壞處。有更好的方法去描述它們嗎？是否存在與之相聯繫的新問題？你可以給它們以什麼新觀念嗎？基本東西考慮起來要容易些：即使沒有新的看法也無妨，你以前所掌握的知識，對於上課已足夠了。如果你想到了某些新意，那就會非常高興。

學生的問題常常是新的研究課題的源泉。他們常常會提出一些有意義的問題，可以說是我不時考慮過，而後暫時放棄了的。回過頭再來看看這個問題，看看我現在是否有所進展，對我是沒有任何壞處的。學生也許不能理解我想回答的內容，或者我所要考慮的更精確的東西，但是他們提出的與之有關的某個問題啟發了我。而僅靠自己是不容易得到這種啟示的。

所以我發現教課和接觸學生使人生命不息，而我絕不接受別人為我安排的不教書的好位置，絕不。

有一次朋友為我提供了這樣一個位置。

戰爭期間，當我仍然在阿拉莫斯的時候，貝特給我在康乃爾弄到了工作，年薪 3200 美元。從其他的地方我可以得到更高一些的報酬，但是我喜歡貝特，就決定去康乃爾，而不在乎錢。但貝特總是照顧我，當他知道其他地方給更多錢的時候，我還未到任他就讓康乃爾將我的年薪增加到 4000 美元。

康乃爾方面通知我，我要教一門物理學中的數學方法課程，並讓我 11 月 6 日到校。期限定在年尾，聽起來有點滑稽。我從阿拉莫斯乘火車到伊薩卡，路上花了不少時間為曼哈頓計畫寫最後的報告。我還記得，在從布法羅到伊薩卡夜間行車的那段旅途上我開始備課。

你必須了解阿拉莫斯的緊迫感。要盡可能快地做每件事；每個人都非常、非常努力地工作；每件事情都得在最後一分鐘完成。所以第一次上課前的一兩天，在火車上備課，對我似乎是很自然的。

對於我來說，「物理學中的數學方法」是一門理想的教授課程。這正是我在戰爭期間所做的工作 —— 把數學應用到物理。我知道哪些方法是真正有用的，哪些是沒用的。在利用數學技巧努力地工作了 4 年中我已積累了許多經驗。所以我在課中安排了不同的題目，以及如何處理它們，而且我還有教案 —— 在火車上做的筆記。

在伊薩卡下了火車，像平常一樣，我肩上扛著一個很重的箱子。一個年輕人喊道：「先生，要出租汽車嗎？」

我從沒想過乘出租汽車：我總還是一個年輕人，缺錢。這些事總想自己做。但一轉念又思忖：「我是一個教授 —— 應該是有尊嚴的。」所以我從肩上放下箱子，把它拿在手上，並且說：「是的。」

「去哪裡？」

「旅館。」

……

我們找到了伊薩卡旅館：沒有房間。又去到旅行者賓館：他們也沒有房間。我對司機說：「不要用車隨著我在城裡轉了，那得花好多錢。我自己一個一個去找好了。」於是我把箱子放在旅行者賓館，就開始到處轉，尋找一間房。由此可見，作為一個新教授，我有了多少準備。

我發現另外一個人為尋找房子也在周圍轉。這就表明了旅館根本不可能有空房間。過了一會兒，我們信步走上一個小山，並且逐漸地知道了我們正走在校園附近。

我們看到了一幢宿舍似的建築，由一扇打開的窗子可以看到裡面有雙層床。那時已是晚上了，我們想問問是否可以睡在那裡，門是開著的，但沒有一個人。我們走進一個房間，那個年輕人說：「過來，我們就睡在這裡吧！」

我認為那樣不太好，看來不是很光明正大。別人已鋪好床，完全可能回來，發現我們睡在他們的床上，那就麻煩了。

因此我們出去了。又走了一會，在一盞路燈下，看見從草坪上收集起來的一堆樹葉 —— 當時是秋天。我說：「嘿！我們可以躺在樹葉上，就睡在這裡！」我試了一下，樹葉相當軟，我來回走得太累了，要是這堆樹葉不正好是在路燈下，那就十全十美了。但是我不想再自找麻煩。回想在阿拉莫斯時人們曾因我打鼓和其他事取笑我，這回他們又該說了，瞧瞧康乃爾得到一個什麼樣的教授。他們認為，由於我做的某些蠢事，已經名聲在外了，所以我得放尊嚴一些，這才勉強地打消了睡在樹葉堆裡的念頭。

我們在周圍轉晃了一下，來到一座大樓前，這是校園內一個很大的建築物。我們進去了，門廳裡有兩個長靠椅。那年輕人說，「我就睡在這裡！」於是蜷縮著躺在長靠椅上。

我不想引起麻煩，在樓底層我見到一個看門人，問他我能否睡在長靠椅上，他說：「可以。」

第二天早晨醒來，找到一個吃早飯的地方，然後開始盡可能快地四處查找我的第一節課在什麼時候開。我跑到物理系：「我的第一節課是什麼時間？我錯過了嗎？」

那裡的人說：「你一點也不用著急。8 天內課程不會開始。」

這使我大為震驚：「嗯，您為什麼告訴我提前一星期到這裡？」

「我想在上課以前，你會樂意認識一下周圍環境，找一個地方安頓下來。」

我回到了文明世界，但卻不知道它是怎麼一回事！

吉布斯教授把我送到學生俱樂部，以便找一個地方住下來。這是一個很大的場所，有許多學生在裡面轉來轉去。我走到安排住宿的大辦公桌前，說：「我是新來的，要找一間房。」

那年輕人說：「朋友，伊薩卡的房子是非常緊張的。事實上，居然達到了這種地步，不論您相不相信，昨天晚上一個教授不得不睡在這個門廊的長靠椅上。」

我看看周圍，果然就是那個門廳！我轉向他說：「嗯，我就是那個教授，這個教授並不想再這樣來一次。」

在我妻子死後，我得重新開始生活，於是需要與一些女孩接觸。那時盛行社交舞會，康乃爾也經常舉行舞會，讓人們彼此交往，特別給新生或其他回校的人以很大方便。

我記得參加第一次舞會的情景。在阿拉莫斯的三四年我都沒有跳過舞，甚至沒有社交。所以我參加這次舞會，要盡可能地跳好，我想那是相當成功的。你可能常會說起，某人什麼時候和你跳舞，以及他們覺得十分滿意。

跳舞時，我和一個女孩談了一會；她問一些關於我的情況，我也問了關於她的某些問題。但是當我再想和那個女孩跳舞時，找到了她：

「您是否還願意跳一次舞？」

「不，對不起，我需要換換空氣。」或者，「嗯，我得去洗手間。」 —— 就以這樣那樣的藉口拒絕了，而且同一排的兩三個女孩都如此。怎麼回事？是不是我跳得很糟？我的人品不好嗎？

我又和一個女孩跳舞，她也提出了通常的問題：「你是學生，還是研究生？」（這裡許多學生由於曾經在軍隊裡待過，顯得比較老。）

「不，我是一個教授。」

「啊？什麼教授？」

「理論物理。」

「我想，您莫非還研究過原子彈。」

「是的，戰爭期間我在阿拉莫斯。」

她說：「你是一個該死的騙子。」 —— 然後走開了。

這件事大大地解救了我，一切都真相大白了。我對每個女孩所說的都是未經思考的，愚蠢的實話，自己還蒙在鼓裡，不知道出了什麼問題。非常清楚，正是當我樣樣都做得很好，很自然，也很有禮貌，並回答了所有的問題的時候，女孩們卻一個一個地避開了我。似乎每件事開頭都是令人高興的，而後，突然受挫 —— 行不通了，幸虧這個女孩子稱我是一個「該死的騙子」，才使我恍然大悟。

所以從那以後我試著迴避所有的問題，這卻有了相反的效果：「你是新生嗎？」

「嗯，不。」

「您是個研究生？」

「不。」

「您是幹什麼的？」

「我不想說。」

「為什麼您不告訴我，您是做什麼的？」

「我不願意……」——她們卻繼續和我談話！

有兩個女孩到我房裡來聊天，談話結束時其中的一個對我說，不應當由於是一個新生而感到不安；有很多像我這樣年齡的人剛剛步入學院學習，這的確沒關係。她們是二年級的學生，兩個人都相當和藹可親。她們努力地做我的思想工作。但是我不願意被她們如此的誤解，所以讓她們知道了我是一個教授。她們很不安。還以為我欺騙了她們。作為一個康乃爾的年輕教授，我碰到了很多諸如此類的麻煩。

不管怎樣，我開始教「物理學中的數學方法」這門課，我還考慮教一些其他課程——如果可能，教電磁學。也打算做點研究工作。在戰前，我攻讀學位的時候，就有了一些想法：我曾發明了一種用路徑積分做量子力學的新方法，還積累了許多要進行研究的資料。

在康乃爾，我除了備課，還常到圖書館去，在那裡讀《天方夜譚》，並向我身邊的女孩們送秋波。但是當到了要做一些研究工作的時候，卻不能全神貫注。感到累，也沒興趣；我不能做研究！我覺得這種情況持續了幾年。也許並沒有這麼長的時間，但似乎是持續了很久。那時我簡直不能開始做任何課題：記得關於伽馬射線的某個問題我寫了一兩句，卻沒有任何進展。我相信這是由於戰爭以及其他一些事情（我的妻子的死）幾乎耗盡了我的精力。

現在我才對那種狀況有了較好的理解。首先，一個年輕人還體會不到準備好一門課程得花多少時間，特別是第一次 —— 備課，出考試題，檢查他們理解的程度。當時，我的課講得很好，把許多思想都安排進了每節課中。但是我沒體會到那也是大量的工作。還以為耗盡精力是讀《天方夜譚》和心情鬱悶所致。

在這期間，我從一些大學和工業部門等不同的地方得到邀請，答應給我高於目前薪金的報酬。而每當得到像那樣的邀請時，就更鬱悶。我會對自己說：「看，他們要給我這麼豐厚的報酬，但是他們不了解我已是江郎才盡。我不應該接受它們。他們期望我完成某件工作，而我卻什麼也做不成！我現在沒有創見……」

最後從高級研究所寄來了一封邀請信：愛因斯坦、馮 · 諾伊曼、韋爾……所有這些偉大的思想家！他們寫信給我，邀請我去那裡當教授。他們知道我對研究所的感受：它太理論化了，沒有真正的活力和挑戰。所以他們寫道：「我們尊重您在實驗和教學方面相當濃厚的興趣。所以安排了一種特殊的教授位置：如果您願意，一半時間在普林斯頓大學作教授，一半時間在研究所。」

高級研究所！特別例外的優待！甚至於比愛因斯坦的位置還好！這是理想的、完美的，卻是荒唐的！

真是荒唐！以前的一些任職已使我覺得糟糕到頂。他們希望我完成某件工作。但是這一次的提議是如此可笑，竟到了我不可能做到的地步，如此出格地荒謬。那些人確實犯了錯誤；多愚蠢的事情！當我刮鬍子時，想到這件事，就笑了起來。

然後我自己想：「你知道，他們把你想得如此神氣，實現它是不可能的，你沒有責任去實現它。」

這是一個高明的見解：「你沒有責任去實現別人認為你應當完成的事情，我不能按他們所期望的那樣去做。」

高級研究所將我想像得那樣好，這不是我的過錯；那是不可能的事。它明顯是一個錯誤 —— 那時候我以為他們完全可能弄錯，而且所有其他部門也一樣，包括我自己的學校在內。我就是我，他們指望我很好，為此他們提供我一些錢，這是他們不走運。

正在那時發生了一件奇怪的、不可思議的事。康乃爾實驗室主任威爾遜可能是無意中聽到了這件事，或者他剛剛知道了我的一些情況。就打電話叫我上他那裡去。他以一種嚴肅的聲調對我說：「費曼，您的書教得很好，您正在從事一件很有意義的工作，大家都很滿意。我們可能獲得的任何期望都是靠運氣。每聘請一個教授，我們都得冒極大的風險。如果他教得好，那就行。要是教得不好，就太糟糕了。但是您不應當為您已經做了的或者還沒做的事擔心。」他說這些話比那些做法好得多，而且解除了我的負疚感。

後來，我又有一個想法：現在物理學使我有點厭煩，過去我一直喜歡物理。我為什麼喜歡物理？我習慣於從事物理，我習慣於做我願意做的事情 —— 不必管它在核物理的發展中是否重要，而只考慮我對它是否有興趣，是否會讓我高興。上高中時，看到從一個狹小的水龍頭中流出的水，我就想是否可以描述出那條曲線。爾後發現這是相當容易的，我無須去做它，對於科學的未來，它並不重要，別人已做過了。但這無關緊要：畢竟，我發現了某些東西，我是在做自己喜歡做的事情。

於是，我有了這個新的看法。現在我正是筋疲力盡，絕不能完成任何事情，不過，我已經在大學裡得到了我所喜歡的教課的好位置，正像樂於去讀《天方夜譚》一樣，我準備在我願意的時候去做物理，而不必為什麼重要性而擔心。

有一個星期，我在學餐旁邊看見一個傻小子把一個盤子拋到空中。當盤子在空中上升時，它震盪起來，而我注意到盤上的康乃爾校徽也在轉來轉去。我注意到，徽章明顯地轉動得比震盪快。

我窮極無聊，所以開始計算旋轉盤子的運動。我發現當角度很小時，徽章的轉動是震動速度的兩倍 —— 二比一。這產生出一個複雜的方程式！然後我想，「根據力或動力學，是否可能用一種更基本的方法找到某種思路，弄清為什麼它是二比一？」

我不記得我如何做這件事，但是最後我解出了帶質量的粒子的運動，以及所有加速度如何平衡以使它得出二比一。

我還記得去貝特那裡，對他說：「嘿，漢斯！我注意到一件有趣的事。盤子這樣轉，二比一的原因是……」我給他講那些加速度。他說：「費曼，那是相當有趣的，但是它很重要嗎？您為什麼研究它呢？」

「哼！」我說，「一點也不重要。我做它恰恰是好玩。」他的反應並沒使我氣餒；我堅定了自己喜歡物理並做我想做的事情的想法。

我繼續算振動方程式。然後考慮在相對論中電子如何開始進入軌域運動。接著有電動力學中的狄拉克方程式。而後是量子電動力學，在我了解它以前（這是很短的時間）我是在「玩」 —— 實際上是工作 —— 在跟我如此喜愛的類似的老問題打交道，在阿拉莫斯時，我停止了對這類問題的工作：我的論文式的題目、所有這些發人深省的、很美妙的現象。

實際上，這些事情很容易，毫不費力。這就像拔出一個瓶塞：裡面的東西都不費力地流出來了。我幾乎試圖阻止它！然而，做什麼是不重要的，重要的是最後有什麼。我獲得諾貝爾獎金的那些圖形和全部理論，也得益於晃動的盤子之類不起眼的小東西。

## 2.6　師出名門的李政道

幸運之道。幸運自有規律：智者不會只靠運氣，運氣可以小心維護。有些人滿足於徘徊在幸運的機會大門前，期望幸運女神將其打開。有些人做得更好，他們憑藉自己的膽大心細，奮勇向前，親近幸運女神，用美德與英勇的翅膀贏得她的喜愛，進而獲益。但是，從真正的人生觀來講，美德與見識才是真正的評判官，因為世上沒有幸與不幸之別，只有聰明與愚蠢之分。

——《智慧書》（21）

李政道

—— 美籍華裔物理學家

李政道 1926 年 11 月 25 日生於上海，中日戰爭時期在浙江大學（當時在貴州省）和西南聯合大學學習。1946 年赴美國芝加哥大學深造，1950 年獲博士學位。1950—1951 年在加利福尼亞大學（柏克萊分校）任教，1951—1953 年在普林斯頓高級研究院工作，1953—1960 年在哥倫比亞大學工作（1955 年任副教授、1956 年任教授），1960—1963 年任普林斯頓高級研究院理論物理學教授，1963 年起任哥倫比亞大學教授。美國科學院院士。1957 年，他 31 歲時與楊振寧一起，因發現弱作用中宇稱不守恆而獲得諾貝爾物理學獎，是最早獲諾貝爾獎的華人。主要著作有：《粒子物理和場論引論》（1981 年）、《李政道文選 1 ～ 3 集》（1986 年）、《宇稱不守恆三十年 —— 李政道六十華誕學術研討會》(1988 年)、《對稱，不對稱與粒子的世界》(1988 年)、《李政道文選》(1985—1996，1998 年)、《科學與藝術》(2000 年)、《物理的挑戰》(2002 年)、《宇稱不守恆發現之爭論解謎》(2004 年) 等。

## 2.6.1 第一位獲得諾貝爾獎的華人

1956 年和楊振寧合作，深入研究了當時令人困惑的 θ-τ 之謎，並且提出了「李 - 楊假說」，即在基本粒子的弱相互作用中宇稱可能是不守恆的，後來這一假說被華裔物理學家吳健雄女士用實驗所證實，從而推翻了過去在物理學界被奉為金科玉律的宇稱守恆定律，為人類在探索微觀世界的道路上打開了一扇新的大門。他因此也獲得了 1957 年度諾貝爾物理學獎。

一項科學工作在發表的第二年就獲得諾貝爾獎，這還是第一次。李政道又是到那時為止歷史上第二個最年輕的諾貝爾獎獲得者。

李政道在其他方面的重要工作還有：

1949 年與羅森布拉斯和楊振寧合作提出普適費密弱作用和中間玻色子的存在。

1951 年提出水力學中二維空間沒有亂流。

1952 年與派尼斯合作研究固體物理中極化子的構造。同年與楊振寧合作，提出統計物理中關於相變的楊 - 李定理和李 - 楊單圓定理。

1954 年發表了量子場論中著名的「李模型」理論。

1957 年與奧赫梅和楊振寧合作提出 CP 不守恆和時間不反演的可能性。同年與楊振寧合作，提出二份量微中子理論。

1959 年與楊振寧合作，研究了硬球玻色氣體的分子運動論，對研究氦 II 的超流動性作出了貢獻。同年又合作分析高能微中子的作用，定出此後 20 多年這方面大量的實驗和理論工作的方向。

1962 年與楊振寧合作，研究了帶電向量介子電磁相互作用的不可重正化性。

1964 年與瑙恩伯合作，研究了無（靜止）質量的粒子所參與的過程中，紅外發散可以全部抵消問題。這項工作又稱李 - 瑙恩伯定理，或與木下的工作合在一起，稱 KLN 定理。

1960 年代後期提出了場代數理論。

1970 年代初期研究了 CP 自發破缺的問題。又發現和研究了非拓撲性孤立子，並建立了強子結構的孤立子袋模型理論，還就色禁閉現象提出了真空的「色介常數」的概念。

1970 年代後期和 1980 年代初，繼續在路徑積分問題、格點規範問題和時間為動力學變量等方面開展工作；後來又建立了離散力學的基礎。

## 2.6.2 家裡人叫他「三糊塗」

李政道出生於上海的一個名門望族家庭。祖父曾任基督教蘇州衛理會的會督，在當時國際宗教界裡頗有聲望；父親李駿康畢業於金陵大學農化系，經營肥料化工產品的生意，家產頗為殷實；母親張明璋畢業於上海啟明女子中學。在那時李家可算是一個典型的知識分子家庭。

少年時的李政道，在父母的影響和殷切的希望下，完全表現出了「萬般皆下品，唯有讀書高」的古老傳統觀念。李政道十分喜愛讀書，成天沉浸在一本接一本的書海裡。只要一看到書，其他一切事情就都拋到九霄雲外去。有一次母親為他準備好洗腳水，怕他忘記放涼了，便叫二哥崇道去催促。李政道放下書，卻不知該幹什麼，看見盆裡有水，便將手伸進洗腳的盆裡攪了一下。此後，不管他在學校裡功課如何優異，家裡人都有管他叫「三糊塗」，因為他在六兄妹中排行第三。

1930 年代的上海是冒險家的樂園，是一座典型的半殖民地城市，到處是外國租界，外國人飛揚跋扈、趾高氣揚。李政道 13 歲那年，有一天他在英租界乘電車，下車時不小心碰了一位中年的外國人。外國人認為自己的尊嚴受到損害，下車後立即找來印度巡警幫忙，印度警察不由分說就把李政道的雙手反背起來，讓那個外國人狠狠地揍了一頓。這次經歷在李政道的心中深深地埋下了振興中華的信念。

1940 年，日本侵略軍占領上海。李駿康以中國知識分子特有的思維方式。認為無論日子如何艱苦，孩子的教育始終是頭等大事。他先把老二崇道和老三政道送到浙江嘉興秀州中學，可是過了不久，戰火又燒到那裡，他只好又將老大宏道和崇道、政道兄弟三人一起送到江西贛州聯合中學。

在江西，雖說生活辛苦些，父母又不能陪在身邊。他們兄弟三人還要共同操持著生活中的許多事，但這裡畢竟沒有隆隆的炮聲，有個較為安靜的學習環境，所以酷愛學習的李政道也就感到心滿意足了，他如飢似渴地學習知識，他的數理天賦在這深山僻壤裡逐漸得到昇華。

李政道在贛州聯合中學學習期間，成績一直非常優秀，令他哥哥、老師和同學們刮目相看。但在這樣的背景，學校條件很差，師資奇缺，戰火連綿不絕，學校經常聘不到老師。有一天，學校的訓導主任叫人把李政道請去。二哥看到弟弟被人帶到訓導主任辦公室，以為三弟惹出了什麼麻煩，怕「三糊塗」受什麼委屈，趕緊跟上去，在窗外看著。

訓導主任對李政道挺和氣，指著坐在一旁的數學老師說：「不少老師都說你學得不錯，特別是數學、物理更突出，很有天賦。校方經考慮再三，想讓你來為低年級同學上這兩門課，不知你意下如何？」

「我來當『小老師』！」李政道頓時愣住了。

坐在一旁的數學老師說道：「小同學，能當好老師，是件不容易的事，對你是有好處的，也能解校方燃眉之急。」

對這突如其來消息和老師的懇切要求，李政道不知該說什麼，只是一直點頭。

站在窗外的二哥頓時雙眉舒展，不停地向著弟弟做鬼臉，心裡自言自語：「老三，還真厲害！」

就這樣，李政道走上了講臺，給低年級的同學上數學和物理這兩門課。他不僅要學好自己的功課，還要用很多時間來備課。他備起課來認真細緻，常從自己初學時的體會入手，對一個概念、一道題反覆多次，從不同的角度來講述，遇到疑難問題就向他二哥請教。由於他上課淺顯易懂竟收到了意想不到的效果。那些山裡的同學看到這位比自己大不了多少的「小老師」，在引導他們探索大自然的過程中，竟是那樣得心應手、揮灑自如，都稱讚不已。假如，歷史真能像電影鏡頭那樣顯示十四年後諾貝爾領獎臺上的李政道，學生們定會有另一番感受。

不久，二哥崇道考進廣西大學畜牧獸醫系，此時大哥也回到上海讀書。李政道仍留在江西堅持他的學業和當「小老師」的差使。有時他到廣西柳州去找二哥，他嗜書如命的習慣依然如故。每次出門旅行，「三糊塗」總是遺失幾件行李，可身邊的一大箱書卻一本沒丟過。有一次，他到柳州找二哥，一下火車就發出求救的電話：「二哥快來，我要餓死了！」原來他又把行李丟了，腹內空空如也，腳下寸步難行。當二哥趕到車站時，卻看到他那可愛的三弟正在候車室裡專心地看書……

幾年的顛沛流離，雖然使李政道失去了許多寶貴的光陰，但也磨練了他的意志，使他更加成熟了。在這艱難的歲月裡，他對讀書的興趣和愛好始終沒有減弱。在他以後的幾十年科學研究生涯中，他一直主張博覽群書，對中外歷史、現代文學、古典文學也是無所不讀，甚至連科幻、偵探、武俠小說也不例外。他後來常說：「人和猴子的最大區別是，猴子的每一代只能透過細胞來遺傳，它們的個體每一代都得從頭學起，從怎樣摘下一個野果學起。而人類則可以用文字記載前人的知識，一代一代地積累起來，彙集成書。讀書就是掌握前人的知識，這是非常重要的。」

1943 年，17 歲的李政道離開江西，來到貴陽，準備報考西遷的浙江大學。途中瘧疾流行，衣食全無保障，而且主要靠步行。由於戰亂，李政道沒有正式的中學文憑，甚至連小學文憑也沒有。1943 年秋，他以同等學力報考，考取浙江大學物理系。一年之後，日軍入侵貴州，浙江大學被迫停辦，李政道又轉投西南聯合大學。1945 年，李政道在他的老師著名物理學家吳大猷的推薦下，赴美國芝加哥大學攻讀博士。在那裡他遇到了在西南聯大時曾有一面之緣的楊振寧，師從物理學家費米。

## 2.6.3 李政道：《科學的發展 —— 從古代中國到現在》

整個科學的發展與全人類的文化是分不開的，在西方是如此，在中國也是如此。

可是科學的發展在西方與中國並不完全一樣。在西方，尤其是如果把希臘文化也算作西方文化的話，可以說，近代西方科學的發展和古希臘有更密切的聯繫。古希臘時也和現代的想法基本相似，即覺得要了解宇宙的構造，就追問最後的元素是什麼。大的物質是由小的元素構造的，小的元素是由更小的粒子構造的，所以是從大到小，從小到更小。這個觀念是古希臘時就有的（Atom 就是希臘字），一直到近代。可是中華民族的文化略有不同。我們是從開始就感覺到，微觀的元素與宏觀的天體是分不開的，所以中國人從開始就把五行與天體聯繫起來。五行的一個很原始的看法，那就是金、木、水、火、土。

可是在很早的時候，中國就有相當重要的科學觀察結果，在全世界恐怕最早的即是超新星的觀察。全世界最早的有關新星的記錄，是甲骨文，Nova 這個名詞是中國人定的，這是在西元前 1300 年，是全世界最早的紀錄。世界上最早最全面的超新星紀錄，是在宋朝 1054 年發現的。

中國很早的時候就有科學的儀器。這是商朝的玄機，大概是玉做成的。把它的中間架在一個架子上，當中一頭對北極，而天是在轉的，北極是不動的，因此這個星體正好是北。張衡的渾天儀是自動的，它有水源來推動，用齒輪的方法，自己會動，整個是自動的。第谷的觀天儀器是 1598 年，張衡是 125 年，之間相差了 1400 多年。

可是緊跟著從明末清初開始，中國科學退步了（李教授指著伽利略自己使用的 1642 年時的望遠鏡圖片）這個望遠鏡是在 17 世紀初，即明末清初時做成的。在西方，望遠鏡是幫助文藝復興的第一步，它是嶄新的科學儀器。我們沒有跟上這一步。第二步，西方抓住了基礎物理和應用物理的關係。在 19 世紀，經過法拉第的試驗，馬克士威在 1864 年創建了電磁理論概念，即把磁生電、電動生磁這兩個現象完全用精密的馬克士威方程組表示出來。此後很快就產生了 19 世紀末的發電機、電動馬達，一直到 20 世紀的電報、電視、雷達，所有的現代通訊設備都是從這兩個東西出來的，因為經過馬克士威電磁學說，所有的總關鍵都抓住了。一切與電、磁有關的東西都是受馬克士威方程組規律控制的。

從邁克生和莫雷的實驗就產生了相對論，從普朗克的公式就產生了量子力學。到了 1925 年，整個基礎科學的了解被人們完全操縱住了，之間還有第二次世界大戰，到了 1950 年初，原子結構、分子物理、原子核能、半導體、超導體、電腦，這些 20 世紀的文化都已產生了。

如果沒有量子力學，沒有相對論，就沒有 20 世紀的文化。再過了 20 年，70 年代末，80 年代初，這些理論已達到頂點。回顧以上一段科學史，可知基礎科學、應用科學與我們的物質文化的關係是何等緊緊相扣、不可分割。我們現在正處在 20 世紀末，當我們面向 21 世紀時，不禁要問，什麼是 21 世紀的科學文明呢？什麼是現在面臨的最重要的問題呢？這是今天我要講的主要問題。

中國從商朝到漢朝，科學文明一直是走在前列的，為什麼到明末清初（17 世紀）中國的科學卻落後了，文藝復興完全在西方發展？道理之一是在物理上、在科學上。我們覺得所有的物質的動因、它的原理是由一些很基本、很簡單的理論操縱的，我們能找出這些原理，就可以知道一切東西的原理，如 19 世紀的電磁理論和 20 世紀的相對論和量子力學。18 世紀很難了解 19 世紀的文化，在 19 世紀根本無法想像 20 世紀的文化。同樣，我們 20 世紀也很難猜測到 21 世紀的科學文化是什麼。所以我提出，如何恢復中華民族在科技界的地位。在 19 世紀前，無疑中國是處於領導地位，今天不是。這裡的主題至少有兩個，第一個是要了解基礎科學和應用科學的機制關係；第二個是當我們展望 21 世紀時，我們必須要了解當代科學的大問題，了解了這些大問題，才有可能突破，其他問題才迎刃而解。了解當代的大問題對於了解 21 世紀的科學發展無疑是有幫助的，當然，這只能是猜測。

當代的科學大問題，可以與 19 世紀末相當的大問題。在宇宙學裡有兩個：一個是類星體，一個是暗物質；粒子物理學裡有兩個：一個是對稱破缺，一個是不可見夸克。若能了解這些問題，將對 21 世紀的科學發展產生重大作用。

我先來解釋宇宙學裡的大問題。類星體是什麼，新星忽然一下子亮度超過太陽 1 至 10 萬倍，超新星又比新星亮 1 至 10 萬倍，壽命從幾天到 1 至 2 年。類星體更厲害，其亮度是 1000 個銀河系的亮度總和，而每個銀河系裡有 1000 億個太陽，每個太陽幾乎可以生存 100 億年。那麼，什麼東西產生類星體能量？核能是普通的太陽能，它與核能之比相當於核與油燈之比。我們尚不知道其能量來自何處。我們宇宙裡至少有 100 萬個類星體，其中仔細研究了近 1000 個。我們宇宙間有一種我們尚不了解的發能方式，它遠遠超過核能，遠遠不是我們所能想像的。

下面談一下暗物質。所謂看得見的物質是指用光學、紅外、放射等方法，即凡是用儀器能推出有能量的物質。然而，我們發現，在銀河系裡，有個叫做星系群的圓球，裡面有 20 個像銀河系那樣的星體，透過研究整個星系群裡每個星雲的運動可以推出地心引力，從地心引力裡求出來，就發現在星系群裡，有 3 ／ 4 的物質是我們看不見的，這就是暗物質。暗物質有很高的能量產生，有相當的普遍性。但我們不知道其原因何在，來源如何。以上兩個就是當代天體研究上的大問題。

我們了解的理論，如量子色動力學、愛因斯坦的普遍相對論，所有這些理論有 17 個參數，都是對稱出來的，可是在我們的宇宙裡，對稱的量子數是不守恆的。其中第一個重要發現就是宇稱不守恆，現在還有不少東西不守恆。這就很奇怪，我們的很多理論是根據對稱產生的，可是為什麼我們的世界又是不對稱的，這是非常奇怪的。那麼是否我們相信對稱就是錯誤的呢？不然，我們有很充分的實驗證據表明，我們這個宇宙、我們這個世界是不對稱的，這兩個是非常奇怪的現象。這表明現有的全部知識是很不全面的，一定另外有一個力，這個力是推翻對稱的。這個力是什麼？我們不了解，它的存在我們知道。現在我們認為，真空在裡面發揮作用。真空與乙太不同，它是勞倫茲不變的，可它有很複雜的性質，真空很可能是可以變化，如果我們了解了不對稱的來源，很可能我們可以了解質量的來源，包括暗物質。

第二個謎即看不見的夸克。所有的強子、核子是由夸克來的，有強作用。所有的強子都是由夸克構造的，但單獨的夸克是看不見的，從來沒有人看見過，這也是很稀奇的。但若你據此說夸克觀念是錯誤的，那就不然。我們有充分的實驗證據表明夸克是存在的。我們知道其質量不大，但就是看不見。所以，為什麼一切強作用的物質是由夸克組成，而為何夸克又看不見，這是當代的一個很大的奇怪的事情。

現在我們猜不到 21 世紀的文化是什麼，就如同在 19 世紀我們猜不到 20 世紀的文化將是怎樣一樣。同樣，若我們真能刺激真空，很可能我們對宇宙的了解要遠遠超過 20 世紀。將來的歷史會寫上：是在我們這個時代，把微觀的世界和宏觀的世界用科學的方法連接起來。

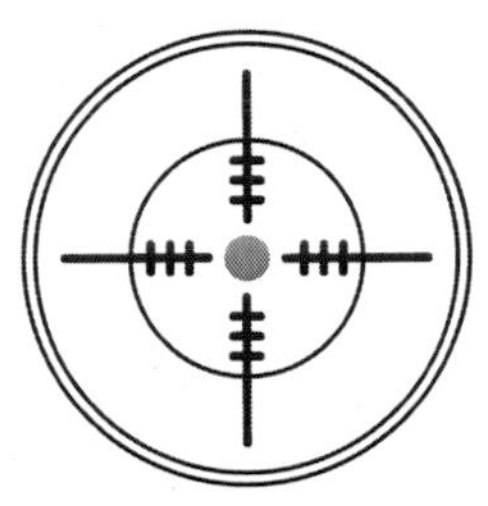

# 第 3 章　學習模式借鑑之三——肥沃的土壤

生物的生長離不開溫暖的陽光和肥沃的土壤，科學家的成長也是如此。我們普通人就更需要肥沃的土壤。大家經常會說一句話，用來形容某個漂亮的女孩子嫁給了「不該嫁」的人是「一朵鮮花插在牛糞上」。但是，從某種意義上來說，如果希望鮮花能更好地成長，更多地汲取養分，是不是她就應該插在牛糞上。好的學習環境就是土壤，肥沃的土壤再加上辛勤的勞作，收穫當然是可期待的。

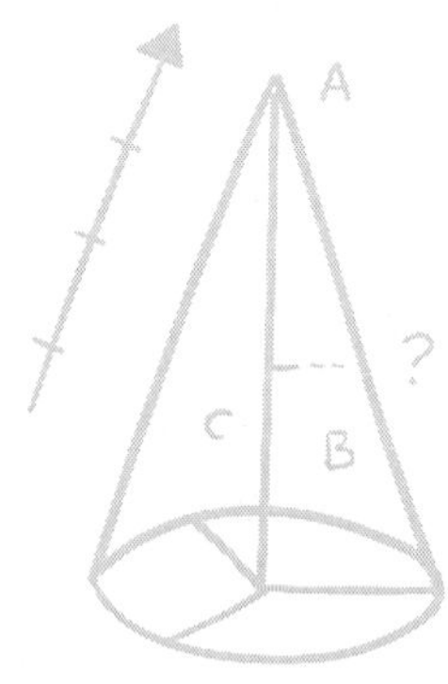

# 3.1　不斷與哥哥競爭的海森堡

輕鬆快活的個性。如果適度，快活的個性會是一項才能，而非缺點。些許快樂可以調劑一切。大人物有時也會娛樂，這讓他們贏得人們的喜愛。但是，在這種情況下，他們應一直保持尊嚴，不失禮。有的人則用玩笑作為迅速脫離困境的方法 —— 因為有些事應該一笑而過，儘管別人鄭重其事。這是一種平易隨和的表現，如同磁鐵一般吸引眾人。

—— 《智慧書》（79）

海森堡，1901 年出生在德國，1923 年在慕尼黑大學獲得理論物理學博士學位。從 1924 年到 1927 年他在哥本哈根與丹麥物理學家尼爾斯．波耳共事。26 歲任萊比錫大學教授。1941 年任柏林大學教授和凱澤．威廉研究所所長。第二次世界大戰期間領導德國核能利用事業。戰後被俘往美國。1946 年返回德國後，任普朗克物理研究所所長兼哥廷根大學教授。量子力學的奠基人之一，「哥本哈根學派」代表性人物，因創立矩陣力學而獲 1932 年諾貝爾物理學獎。主要著作有：《量子論的物理學基礎》（1930 年）、《自然科學基礎的變化》（1935 年）、《原子核物理》（1943 年）、《物理學與哲學》等。

## 3.1.1「測不準原理」

海森堡在理論物理學的主要貢獻是在光譜學方面。更重要的是他創立了量子力學中的矩陣力學。1925 年，海森堡鑒於波耳原子模型所存在的問題，拋棄了所有的原子模型，而著眼於觀察發射光譜線的頻率、強度和極化，利用矩陣這一數學工具，把這三個物理量從數學上加以聯繫，從而提出微觀粒子的不可觀察的力學量，如位置、動量應用其所發射光譜的可觀察的頻率、強度來表示。這個由海森堡首先提出的，以後被玻恩、狄拉克以及其他人所發展的偉大理論，是求解微觀物理基本過程的最主要的表述方式。利用海森堡的量子力學或矩陣力學，可以使我們了解分子、原子乃至於原子核的性質。實際上，量子力學已經是今天用以說明物質的許多物理性質和化學性質的語言。玻恩在 1926 年提出的關於波函數的統計解釋只是理解原子物理學中涉及波粒二象性的第一步，而對於澄清這種思想作出最重要貢獻的，是海森堡 1927 年提出的「測不準原理」。該原理認為，運動中的電子的位置與動量，不能同時精確地確定，也就是說，一個電子的動量和位置的乘積，永遠不能準確到少於 h ／ 2π 的程度（h 是普朗克常數）。

這種見解已成為量子力學哥本哈根「正統學派」解釋的兩大支柱之一。1928 年，海森堡用量子力學的交換現象，解釋了物質的鐵磁性問題。1929 年，他與包立提出相對論性量子場論。1932 年在查兌克發現中子和安德遜等人發現正電子之後，海森堡曾提出核子中的質子與中子本來就是同一種粒子，只不過它們的荷電情況不同的見解。他認為中子和質子說不定可以用一種正電子的交換過程保持在一起，質子失去一個正電子就變成中子，而中子得到一個正電子就變成質子；1943 年他又提出粒子相互作用的散射矩陣理論。

## 3.1.2 「玩得很瀟灑，卻能輕易取得好成績」

海森堡的父親奧古斯特．海森堡是著名的古希臘悲劇研究專家，奧古斯特一直引導海森堡和比他大一歲的哥哥競爭，即使是在玩遊戲的時候，因為奧古斯特相信競爭有利於刺激智力。父親在早期對兄弟倆慎重而不失時機地積極引導，對海森堡的進取心和自信心的培養產生了決定性的影響。

8 歲時海森堡一家搬到慕尼黑，這次遷居對於海森堡的未來成長是極為重要的。慕尼黑是巴伐利亞州的政治、經濟與文化中心，這裡有海森堡成長的理想環境。

1910 年和 1911 年，海森堡兄弟倆先後考入馬克西良文科高級中學。馬克西良文科高級中學在當時的教育界與社會上都享有盛譽。它被稱為「貴族學校」，並不僅僅因為它學費比較高，主要是因為它培養出一大批傑出人才，著名的量子論創始人普朗克就是其最卓越的學生之一，並曾在這裡短期教過物理。而海森堡的外公當時正在這裡任校長。

「文科中學」這個名稱含有重文輕理的傾向，這與德國教育的一貫傳統有關。但隨著技術工業的迅速發展與進步，以及威廉二世國王在促進和贊助科學技術研究方面的強烈個人興趣，再加上先進科學的迅速興起（如 X 射線和放射性的發現），德國的教育改革開始轉向科學。

馬克西良文科中學也不例外，很快馬克西良成為慕尼黑最現代化的中學，這裡有著先進的科學實驗設備和不少知名的教授任教。但畢竟是剛剛由文科轉向理科，理科老師還為數不多，實際上所有的理科老師通常不得不任教所有 9 個年級。結果是，也許受校內的先進設備的鼓舞，理科老師在他們的低年級教學中有意無意地給學生灌輸更多的先進科學觀念。像海森堡這樣早熟的低年級學生可以從物理老師所灌輸的更深的科學知識中得到激勵。

在中學階段後期，海森堡的學習需求已經遠遠地超出了教學大綱的要求。由於父親有意識的訓練，他成為一名有雄心的學生，已經習慣在競爭中取勝。學校的功課對他沒有難度，他的智力遠遠過剩，他渴望更高難度的挑戰與刺激。老師們評價他說：「思想運轉快，能迅速而幾乎沒有錯誤地解語法和數學習題，有抱負，能自發地下功夫。」又說他：「玩得很瀟灑，卻能輕易取得優秀成績。」

雖然海森堡不善於交際，但在學校中他卻得到廣泛承認，而且為大家所喜歡。這不僅因為他是校長的兩個外孫之一，而且也因為他溫文爾雅的舉止、他的數學天才與音樂技能。當然，身為校長的外孫還是有好處的，海森堡的家庭關係有一回給他帶來了特殊榮耀。1913 年 3 月，當時的巴伐利亞攝政王路德維希王子（即後來的國王路德維希三世）來參加文科中學新大樓的落成典禮。海森堡朗誦了一首他母親安妮為了向王族貴賓表示崇敬而寫的讚美詩。由於詩的作者是校長的女兒，也由於朗誦者對母親所寫詩歌的深入理解，海森堡博得了這位高貴王子的歡心。王子及時地將一份官方證書和一顆刻有皇家標記 L 的金紐扣，賞賜給少年海森堡作為答謝。它成為海森堡所保存的最珍貴的紀念品之一。

第一次世界大戰爆發後，父親奧古斯特參了軍，但海森堡並沒有因為缺少父親的督促而放鬆自己，相反他更自覺也更自由地學習，發展自己對數學和物理的特殊愛好。

1918 年，處在戰爭中的德國物品嚴重匱乏，海森堡曾因身體衰弱和筋疲力盡連同騎著的自行車一起掉進了公路旁的陰溝裡。於是，海森堡不得不到慕尼黑南部的一個農場當雇工，以獲得足夠的生活來源。海森堡在農場的這段勞動經歷，對他的一生產生了深遠的影響。他後來回憶說：「我在農村學到了什麼叫勞動。」海森堡學到了如何動手去做，如何有目的、有效率地運用自己的力量，如何堅持不懈地完成工作。

1920 年，18 歲的海森堡以優異的成績從馬克西良中學畢業，並考入了慕尼黑大學。他跟隨物理學家索末菲成為慕尼黑學派的一員，七年後在萊比錫被任命為理論物理學教授。此期間量子物理學經歷了從混沌到有序的深刻變化，就是從量子危機走向量子革命，海森堡在這中間作出了不可磨滅的貢獻。

## 3.1.3 海森堡：《物理學和哲學》第一章 老傳統和新傳統

今天，當人們談到現代物理學時，首先就想到核武。人人都認識到這些武器對現代世界政治格局的巨大影響，並且都心悅誠服地承認物理學對一般政治形勢的影響比以往任何時期都要大。但是，現代物理學的政治方面真的是它的最重要的方面嗎？

當世界上的政治結構已變得適應於新技術的種種可能性時，現代物理學還將留下什麼影響呢？

為了回答這些問題，應當記住，每個工具都帶有用來創造它的那種精神。因為每個國家和每個政治集團，不管它的地理位置和文化傳統如何，都必須以某種方式關心這種新武器，所以，現代物理學的精神必將滲透到許多人的心靈之中，並以各種不同的方式和老傳統聯繫起來。現代科學的這個特殊部門對各種強而有力的老傳統進行衝擊的結果將是什麼呢？世界上已經發展了現代科學的那些地區，長時期以來，主要興趣是在實用的活動方面，在工業和與這種活動的內外條件的合理分析相結合的工程學方面。這些地區的人覺得應付這些新觀念是頗為容易的，因為他們已經有充分時間慢慢地、逐漸地來適應現代科學的思想方法。在世界的其他地區，這些觀念將同本地文化的宗教基礎和哲學基礎發生衝突。因為現代物理學的成果確實觸及實在、空間和時間這樣一些基本概念，所以，這種衝突可能引起全新的、難以預料的發展。在現代科學和舊思想方法之間這次決戰的特徵之一，就在於它完全是國際性的。在這次思想交流中，老傳統的一方在世界不同地區是不同的，而它的對方則在任何地區都是一樣的，因此，這次思想交流的結果將傳播到發生論戰的全部地區。

由於這樣的理由，嘗試用不太技術性的語言來討論現代物理學的這些觀念，研究它們的哲學影響，將它們和若干較老的傳統相比較，可能不是一個無關緊要的任務吧。

對量子論的發展作一歷史性描述，可能是著手討論現代物理學問題的最好的方法。確實，量子論僅僅是原子物理學中的一個小分支，而原子物理學又是現代科學中的一個很小的分支。然而，正是在量子論中，關於實在的概念發生了最基本的變化，並且也是在量子論中，原子物理學的新觀念集合併具體化為它的最後的形式。原子核物理學研究所需的巨大的、非常複雜的實驗設備，顯示了這一現代科學部門的另一非常激動人心的方面。說到實驗技術，原子核物理學代表了自從惠更斯、伏特或法拉第以來一直決定著現代科學成長的研究方法的最大擴展。與此相似，量子論某些部分的令人望而生畏的數學複雜性，也可以說是代表著牛頓、高斯或馬克士威的方法的最高成就。但是，在量子論中顯示的實在概念的變化，並不是過去的簡單繼續，而卻像是現代科學結構的真正破裂。

# 3.2 一生都有朋友的波耳

擇師而交。讓友好的交流成為增長知識之管道，從談話中受到教益。這樣便使朋友成為你的老師，將交流之樂趣與學習之好處融合在一起。明智的人享受交流的樂趣：發表言論贏得掌聲，傾聽談話獲得教益。我們通常會因私利而被他人吸引，但這也利於我們達到更高境界。賢達之人常常拜訪高貴之人的處所，是將其作為良好修養的舞臺，而非名利場。那裡總有人因明智的處世智慧而聞名，不只是因為他們以身作則而成為傑出的智者，還因那些與之為伍的人構成了學習精妙處世哲學的儒雅社團。

——《智慧書》（11）

尼爾斯·波耳——丹麥物理學家。他先後於 1909 年和 1911 年分別獲得科學碩士和哲學博士學位。1920 年，他創建哥本哈根理論物理研究所，並任所長。由於波耳對原子結構和原子輻射的研究，1922 年他被授予諾貝爾物理學獎。他在原子物理學、量子力學、原子結構理論、原子核物理方面都有獨到的研究，在物理學界，他是和愛因斯坦並峙的一座高峰。主要著作有：《光譜與原子結構理論》、《原子理論與自然界的描述》、《知識的統一性》等。

## 3.2.1 哥本哈根學派

波耳從 1905 年開始他的科學生涯，一生從事科學研究，整整達

57 年之久。他的研究工作開始於原子結構未知的年代，結束於原子科學已趨成熟，原子核物理已經得到廣泛應用的時代。他對原子科學的貢獻使他無疑地成了 20 世紀上半葉與愛因斯坦並駕齊驅的、最偉大的物理學家之一。

**1. 創建著名的「哥本哈根學派」**

在 1913 年發表的長篇論文《論原子構造和分子構造》中創立了原子結構理論，為 20 世紀原子物理學開闢了道路。1921 年，在波耳的倡議下成立了哥本哈根大學理論物理學研究所。波耳領導這一研究所先後達 40 年之久。

**2. 創立互補原理**

1928 年波耳首次提出了互補性觀點，試圖回答當時關於物理學研究和一些哲學問題。其基本思想是，任何事物都有許多不同的側面，對於同一研究對象，一方面承認了它的一些側面就不得不放棄其另一些側面，在這種意義上它們是「互斥」的；另一方面，那些另一些側面卻又不可完全廢除的，因為在適當的條件下，人們還必須用到它們，在這種意義上說二者又是「互補」的。按照波耳的看法，追究既互斥又互補的兩個方面中哪一個更「根本」，是毫無意義的；人們只有而且必須把所有的方面連同有關的條件全都考慮在內，才能而且必能（或者說「就自是」）得到事物的完備描述。

**3. 原子核物理方面**

從 1930 年代，他開始了原子核物理學方面的研究。提出了核的液滴模型，認為核中的粒子有點像液滴中的分子，它們的能量服從某種統計分布規律，粒子在「表面」附近的運動導致「表面張力」的出現，如此等等。這種模型能夠解釋某些實驗事實，是歷史上第一種相對正確的核模型。在這樣的基礎上，他又於 1936 年提出了複合核的概念，認為低能中子在進入原子核內以後將和許多核子發生相互作用而使它們被刺激，結果就導致核的蛻變。這種頗為簡單的關於核反應機制的圖像至今也還有它的用處。

當邁特納和弗里施根據哈恩等人的實驗提出了重核分裂的想法時，波耳等人立即理解了這種想法並對核分裂過程進行了更詳細的研究，波耳並且預言了由慢中子引起核分裂的是鈾 -235 而不是鈾 -238。他和惠勒於 1939 年在《物理評論》上發表的論文，被認為是這一期間核物理學方面的重要成就。眾所皆知，這方面的研究導致了核能的大規模釋放。

## 3.2.2 參加奧林匹克足球賽

波耳的父親克里斯坦 · 波耳是哥本哈根大學教授，母親愛倫 · 亞德勒是哥本哈根商業銀行創辦者亞德勒的女兒，波耳就出生於丹麥政府所在地克里斯蒂安宮相鄰的外公家裡。

波耳在哥本哈根唸書，一直唸到 1903 年升入哥本哈根大學。當時丹麥實行的是舊式的教育制度，校規非常嚴格，教學方式極其刻板，還流行體罰。其中最使波耳厭惡的是陳腐老套的作文。波耳不是一個能夠作假的學生，他寧願講真話，而不願重複那些陳詞濫調。他在一篇題為〈海港漫步〉的文章中開頭和結尾用了同樣的句子：「我和弟弟到海港去溜，看到了船隻泊岸搬貨。」當老師問他為什麼作文沒有按照規定的起承轉合來寫，卻在開頭和結尾用同樣的句子。波耳回答說：「在這句話裡我押了韻，費了好大力氣，試了多少字眼，老師你為什麼沒有注意到呢？」還有一次，老師出了一篇題為《自然力在家庭中的應用》的作文，波耳在文中做了這樣反抗式的結尾：「我們家裡不用自然力。」

生活在這樣刻板的制度下是令人痛苦的，試圖反抗這樣的制度更是痛苦的；但不能因為痛苦就不去反抗。當波耳升入高年級，開始學習數學和物理時，他傑出的才能逐漸表現出來。那時高年級所教授的數學和物理都十分簡單，而波耳在這方面的知識和學習能力早已遠遠超出了課本的範圍，沒過多久，他就對教科書中陳舊、錯誤的內容，根據自己從雜誌裡讀來的物理學知識加以圈注。有一次，一個同學問他，如果考試中出現那些教科書中敘述有誤的地方，該怎麼辦？波耳毫不猶豫地回答：「當然告訴他們，什麼才是對的。」波耳認為坦率的指出缺點是科學中理所應當的做法，當然，他也因此碰了不少釘子。

另外一個日後成為波耳標誌性特徵的就是，在他一生的每一個階段，他都交了一些新的和長久的朋友。這種情況甚至從他的童年時期就開始了，哥本哈根大學的契維茲教授在中學時曾和波耳同桌 6 年，他有一次說道：「我很清楚地記得，甚至在那時，我們就對他有多麼深的印象了。波耳的作風和性格是那麼的與眾不同，以致全班都被他打上了烙印。」但是他的同學們都不覺得把波耳推向成功的是他的雄心壯志。他的穎悟顯現為一種自然的和單純的東西，毫不勉強。他的頭腦活動得很快。甚至在中學時代人們就說，當他站在黑板前面時，他的思想比他運用黑板擦的能力跑得更快，當新的想法很快地出現，他可以又用手又用手臂來抹黑板，然後不論是他還是黑板就都不那麼乾淨了。他不僅在黑板前表現得相當與眾不同，當時學校中的習慣是學生要背誦他們學到的詩句，「對於這種藝術，波耳有一種特殊的才情，他對詩篇的選擇是有個性和妥當的。」

後來成為應用美術博物館館長的斯勞曼也是波耳的這些朋友之一。他認為波耳在學校裡的特殊地位不僅是由於他的多方面興趣和充沛精力所造成的印象，而且也由於他的一種頗非尋常的待人體貼。

波耳還有一項特殊的愛好，將石頭拋高和擲遠，用石頭在水上玩打水漂，他在這方面的興趣長久不衰。一次，波耳和同伴一道去參觀一座廢棄教堂，波耳試圖把石頭扔高，讓石頭掉到塔的頂上兩層的窺視孔百葉窗的外面。這對波耳來說太容易了，他越來越敏捷地將石頭扔入百葉窗的小孔，當波耳獲得成功時，他又有了主意。他讓同伴把一根手杖往高處丟，使它靠在百葉窗上，然後試著用石頭將手杖打下來。最後，他又像雜劇演員般地將手杖柄插入百葉窗的孔，把手杖掛起來。這事完成後，其餘的人都放棄了再扔幾塊石頭把手杖打下來的念頭，但波耳堅持要把手杖打下來，並且最後成功了。後來波耳的好友布傑朗回憶這件事時說到：「為了充分領略他的非凡本性，人們必須認識到經過這麼多年，他仍然保持著孩子氣：一個是孩子對遊戲的愛好；另一個是孩子的好奇心。後者對一名自然科學家來說是非常重要的。」

波耳還是個不錯的足球運動員，他和弟弟海拉德一起代表丹麥參加了倫敦的奧林匹克運動會，並取得了亞軍。受到英國體育專欄作家們的高度評價，雖然波耳只是替補守門員。

1911 年波耳取得博士學位後，他立即決定前往英國劍橋。在劍橋波耳跟隨電子的發現者湯木生學習，並成為卡文迪西實驗室的一員。

### 3.2.3 波耳：《人類知識的統一性》

這一談話題目中所提到的問題，是像人類文明本身一樣古老的；但是，在我們的年代，隨著學術研究和社會活動的與日俱增的專門化，這一問題卻重新引起了人們的注意。人文學家們和科學家們對人類問題採取著明顯不同的處理方式；對於由這些處理方式所引起的廣泛的混亂，人們從各方面表示了關懷，而且，與此有關，人們甚至談論著現代社會中的文化裂痕。但是，我們一定不要忘記，我們是生活在很多知識領域都在迅速發展的時代，在此方面，常使我們想起歐洲文藝復興的時代。

不論當時對於從中世紀世界觀中解脫出來感到多麼困難，所謂「科學革命」的成果現在卻肯定成為普通文化背景的一部分了。在本世紀中，各門科學的巨大進步不但大大推動了技術和醫學的前進，而且同時也在關於我們作為自然觀察者的地位問題上給了我們以出人意料的教益；談到自然界，我們自己也是它的一部分呢，這種發展絕不意味著人文科學和物理科學的分裂，它只帶來了對於我們對待普通人類問題的態度很為重要的消息；正如我要試圖指明的，這種消息給知識的統一性這一古老問題提供了新的遠景。

在原子物理學中，我們關心的是無比準確的規律性；在這裡，只有將實驗條件的明白論述包括在現象的說明中，才能得到客觀的描述；這一事實以一種新穎的方式強調著知識和我們提問題的可能性之間的不可分離性。我們在這裡涉及的是一般認識論的教益，它闡明著我們在許多其他的人類興趣領域中所處的地位。

特別來說，所謂心理經驗的分析和綜合的條件，一直是哲學中的一個重要問題。很明顯，涉及一些互斥經驗的字眼，例如思想和情感之類，從剛剛開始有語言時就是以一種典型的互補方式被應用的了。然而，在這方面，需要特別注意主體－客體分界線。關於我們的精神狀態和精神活動的任何無歧義的傳達，當然就蘊含著我們的意識內容和粗略地稱為「我們自己」的那一背景之間的一種區分，但是，詳盡無遺地描述意識生活之豐富性的任何企圖，都在不同形勢下要求我們不同地劃定主體和客體之間的界限。

……

當轉入多少年來被哲學家們討論過的意志自由問題時，必須特別注意使用沉思和決心之類的字眼時的那種互補方式。即使我們無法說，是由於我們推測自己能做某件事情因而才願意去做呢，還是由於我們願意從而我們才能做這件事，但是我們可以說，能夠盡可能好地適應環境的那種感覺，乃是一種普通的人類經驗。事實上，決心這個概念在人類的思想傳達中發揮不可缺少的作用，就如希望和責任之類的字眼一樣；脫離了應用這些字眼時的上下文，希望和責任等字眼同樣是不可定義的。

說明意識生活時的主體 - 客體分界線的可變動性，是和一種經驗豐富性相對應的，這些經驗是如此的五花八門，以致引起了不同的處理方式。至於我們關於他人的知識，我們當然只看到他們的行為，但是我們必須意識到，當這種行為是如此複雜，以致在用普通語言說明它時要涉及自身知覺時，意識一詞就是不可避免的了。然而，事情很明顯，對於最終主體的一切追求都是和客觀描述的目的相矛盾的，這種描述要求主體和客體處於面對面的地位。

這樣的考慮絕無導致對於靈感的任何低估，這種靈感是偉大的藝術創作透過指示出我們地位中那種諧調的整體性的一些特點而提供給我們的。事實上，當在越來越大的程度上放棄邏輯分析而允許彈奏全部的感情之弦時，詩、畫與樂就包含著溝通一些極端方式的可能性，那些極端方式常被表徵為實用主義的神祕主義的等等。相反的，古印度的思想家們，就已經理解了對這種整體性作出詳盡無遺的描述時的邏輯困難。特別來說，透過強調指出要求回答存在的意義問題乃是徒勞無益的，他們設法避免了生活中明顯的不諧調性；他們懂得，「意義」一詞的任何應用都蘊含著比較，而我們又能把整個的存在和什麼相比較呢？

我們這種論證的目的在於強調：不論是在科學中、在哲學中還是在藝術中，一切可能對人類有幫助的經驗，必須能夠用人類的表達方式來加以傳達，而且，正是在這種基礎上，我們將處理知識統一性的問題。因此，面對著多種多樣的文化發展，我們就可以尋索一切文明中生根於共同人類狀況中的那些特點。尤其是，我們認識到，個人在社會中的地位本身，就顯示著多樣化的、往往是互斥的一些方面。

當處理所謂倫理價值的基礎這一古老問題時，我們首先就得問問像正義和仁慈之類的概念的適用範圍是什麼；這些概念的盡可能密切的結合，在一切人類社會中都是被希求著的。但是，問題很明顯，在可以明確地應用被公認了的司法條款的那種情況下，是沒有自由地表現仁慈的餘地的。但是，正如著名的古希臘悲劇家們所特別強調的那樣，惻隱之心是可以使每一個人和任何簡明表述的正義概念發生衝突的。我們在這裡面臨著人類地位所固有的和令人難忘地表現在古代中國哲學中的一些互補關係；那種哲學提醒我們，在生存大戲劇中，我們自己既是演員又是觀眾。

當比較不同的民族文化時，我們就遇到依照一個民族的傳統來評價另一個民族的文化的特殊困難。事實上，每一文化所固有的自足性的要素，都密切地對應著作為生物有機體中任一物種之特徵的自衛本能。然而，在這方面，重要的在於意識到這一事實：以由歷史事件哺育成的傳統為基礎的各種文化，其互斥特徵是不能和在物理學、心理學以及倫理學中所遇到的那些特徵直接相比的，這裡我們處理的是共同人類狀況的內稟特點。

事實上，正如在歐洲史中特別明顯地表示出來的，民族之間的接觸往往造成文化的融合，而融合後的文化仍保存著原有民族傳統的有價值的要素。在這次會議上，關於如何彌補所謂現代社會中的文化裂痕的問題，吸引了很大的注意力；歸根結底，這問題就是一個更狹義的教育問題；對待這一問題的態度，看來不但需要知識，而且，我想每人都會同意，這也還需要某種幽默。但是，最嚴重的任務就是要在有著很不相同的文化背景的民族之間促進相互了解。

事實上，科學和技術在現時代的急劇進步，帶來了提高人類福利的無比希望，而同時也帶來了對全人類安全的嚴重威脅，這種進步對我們的整個文明提出了迫切的挑戰。當然，知識和潛力的每一次增加，曾經總是意味著更大的責任，但是，在目前的時刻，當一切人們的命運已經不可分割地聯繫起來時，以了解人類共同地位之每一方面為基礎的相互信賴的合作，就比在人類歷史中的任何較早時期都更加必要了。

## 3.3　「學，而後知不足」的丁肇中

了解自己的最強項，充分了解自己的天賦，培養它，會有助於其他特長的發展。假如人人都知道自己的長處，那麼人人都能在某一領域有所建樹。分辨出自己的天賦屬於何種類型，並且加以保護。有人長於判斷，有人富有勇氣。大部分人都在粗暴地運用自己的天賦，結果一無所獲。當初只是在熱情中迷失，日後醒悟過來，卻為時已晚。

——《智慧書》（34）

丁肇中 —— 美籍華裔實驗物理學家。祖籍山東日照。1936 年 1 月 27 日生於美國密西根州安阿伯。1949 年丁肇中進入臺灣建國中學。1956 年到美國密西根大學，在物理系和數學系學習，1960 年獲碩士學位，1962 年獲物理學博士學位。1963 年，他獲得福特基金會的獎學金，到瑞士日內瓦歐洲核子研究中心（CERN）工作。1964 年起在美國哥倫比亞大學工作。1965 年成為紐約哥倫比亞大學講師。1967 年起任麻省理工學院物理學系教授。1976 年被授予諾貝爾物理學獎，成為繼楊振寧、李政道之後第三位華裔諾貝爾獎的獲得者。並被美國政府授予勞倫茲獎，他是美國國家科學院院士，美國文理科學院院士。他也是《原子核物理 B》、《核儀器方法》和《數學模型》等科學期刊的編委。主要著作有：《在探索中 —— 一個物理學家的體驗》、《應有格物致知精神》等。

## 3.3.1 丁粒子

### 1. 發現丁粒子 —— 獲得諾貝爾物理學獎

1965 年起，丁肇中領導的實驗組在西德漢堡電子同步加速器（束流能量為 $1.5\times10^{9}$eV）上進行了關於量子電動力學和向量介子（ρ，ω，φ）的一系列出色的實驗工作。驗證了量子電動力學的正確性。

1972 年夏，丁肇中實驗組利用美國布魯克海文國家實驗室的 3.3×1010eV 質子加速器尋找質量在（1.5 ～ 5.5）$\times10^{9}$eV 之間的長壽命中性粒子。1974 年，他們發現了一個質量約為質子質量 3 倍（質量為 $3.1\times10^{9}$eV）的長壽命中性粒子。在公開發表這個發現時，丁肇中把這個新粒子取名為 J 粒子，「J」和「丁」字形相近。與此同時，美國人 B. 里希特也發現了這種粒子，並取名為 ψ 粒子。後來（1975 年）人們就把這種粒子叫做 J ／ ψ 粒子。J ／ ψ 粒子具有奇特的性質，其壽命值比預料值大 5000 倍；這表明它有新的內部結構，不能用當時已知的 3 種夸克來解釋，而需要引進第四種夸克，即魅夸克來解釋。J ／ ψ 粒子的發現大大推動了粒子物理學的發展。為此丁肇中和里希特共同獲得 1976 年諾貝爾物理學獎。

### 2. 實驗粒子物理、量子電動力學及光與物質相互作用

到目前為止，他在學術上的主要貢獻有：(1) 反氘核的發現；(2) 量子電動力學的檢驗實驗，表明電子、μ 子和 τ 子是半徑小於 $10^{-16}$cm 的點粒子；(3) 精確研究向量介子的實驗；(4) 研究光生向量介子，證實了光子與向量介子的相似性；(5) J 粒子的發現；(6) μ 子對產生的研究；(7) 膠子噴注的發現；(8) 膠子物理的系統研究；(9) μ 子電荷不對稱性的精確測量，首次表明標準電弱模型的正確性；

(10) 在標準模型框架內，證實了宇宙中只存在三代微中子。

**3. 熱心培養高能物理人才**

丁肇中組織和領導了一個國際合作組 —— L3 組，在歐洲核子中心的高能正負電子對撞機 LEP 上進行高能物理實驗，在質心系能量為 1011eV 能區中尋找新粒子，特別是電弱理論預言的黑格斯粒子，並研究 Z0 及其他粒子物理新現象。L3 組目前共有 13 個國家近 400 名物理學家參加。

丁肇中熱心培養高能物理學人才，經常選拔年輕科學工作者去他所領導的小組工作；並受聘為中國科學技術大學名譽教授，中研院高能物理研究所學術委員會委員。

**4. 領導「阿爾法磁譜儀」實驗探索反物質**

阿爾法磁譜儀實驗是一個大型國際合作科學實驗項目，實驗由丁肇中領導，包括美國、中國、義大利、瑞士、德國、芬蘭等國家和地區的 37 個研究機構的物理學家和工程師參加，目的是尋找太空中的反物質和暗物質。

## 3.3.2「我要探索自然的奧祕！」

丁肇中的父親丁觀海、母親王雋英都是教育家。丁肇中出生不到 3 個月，就在母親的懷抱裡回到了中國，與先期回國的父親團聚。當時正值日本發動侵華戰爭，丁肇中隨父母度過了顛沛流離的童年生活。

1948 年，12 歲的丁肇中隨父母輾轉到了臺灣，一年後考入臺北成功高中。

1950 年春天，父親丁觀海從臺南工學院轉到臺灣大學工學院，任土木工程教授。丁肇中一家就從重慶南路的臺灣省公路局宿舍，搬到太順街一所比較寬敞的住宅。為了讓丁肇中更好地學習，父母特意為他安排了一間敞亮的大房間。這是一間書房兼臥室，是丁肇中單獨學習的天地，他可以在這裡潛心讀書，也可以在這裡與同學討論問題。丁肇中在成功高中只念了一年，就憑著自己的實力，於 1950 年秋轉入了臺灣第一流的高中 —— 建國中學。

開學的第一天，丁肇中被校內的一條橫幅吸引住了，橫幅上寫道：古之成大事者，不唯有超世之才，亦必有堅忍不拔之志。這是校長為勉勵學生而從北宋文學家、書畫家蘇東坡的文章中摘錄的。丁肇中凝視著這條橫幅，心中暗下決心，一定要把校長的勉勵當作自己以後學習、工作的座右銘。

在高中時，丁肇中讀書非常刻苦，成績也非常優秀。在與同學討論問題時總是窮根追底，而且總是以勝利告終，再加上丁肇中的頭長得特別大，班上的同學都戲稱他「丁大頭」或「大頭丁」。那時，丁肇中時常和同學們一起到師範大學圖書館讀書，等圖書館關燈後，又和同學們相偕回到家中讀書，丁肇中讀書非常投入，外界的干擾幾乎對他不起什麼作用，即使外面大雨傾盆、雷聲隆隆，他也是雷打不動地專心讀書。丁肇中在高中時很少看電影，他認為看電影是時間和金錢上的浪費，尤其是寶貴的時間。

臺灣教育都十分重視基礎，丁肇中回憶這段時光說：「臺灣的中小學教育非常好，基礎打得十分穩。與美國比較起來，較為保守，較重視填鴨式的灌輸，但我認為在某一年齡前這種教育方式沒有什麼不妥，甚至很需要。一個人在打基礎時就要痛下苦功夫，若自幼便只思而不學，將來難免流入輕浮。」不過，丁肇中也不是死讀書，他高中時代的數學老師譚嘉培談起他時說：「很有衝勁。我見過很多成績比他好的學生，但是這些學生有的因為書讀得太死，難以再往前發展，而其他的人則又缺乏後勁，不再發展了。」

古人云：「學，而後知不足。」丁肇中學到的自然科學的知識越多，產生的疑問也就越多。一般來說，學生的任務是解答問題，而此時的丁肇中不只是停留在這一步了。他經常還提出一些問題，而且這些問題，使老師有時也一下子無從解決。愛因斯坦就曾經說過，提出一個問題比解決一個問題更重要。科學研究就是一個始於問題，又終於問題的一個螺旋式上升過程。丁肇中在高中時就具備的這種提出問題的科學素養，為他日後從事科學研究工作奠定了基礎。

關於丁肇中愛提問題，父親丁觀海有深刻的印象，在一次接受記者的採訪中，記者問道：「丁肇中讀書的時候，有什麼與眾不同的地方？」丁觀海回答道：「那倒沒有，如果有一點什麼特殊，可能是比較調皮吧！他也是很容易讓老師頭痛的提問題的學生，不過，書倒唸得不錯，有很旺盛的上進心。」

由於丁肇中在學習自然科學課程時勤於動腦，他已經發現大自然是奇妙的了。從微觀世界到宏觀世界，從無機物到有機物，一切都是那麼有條不紊、秩序井然。雖然科學家已經揭示出其中的一些規律，但還有更多的奧祕等待人們去揭示。於是，丁肇中暗下決心：「我要探索自然的奧祕！」丁肇中在建中的時候，總努力使自己成為一個資優生，關於如何才能做個資優生，丁肇中有自己獨到的見解。他認為，要成為一個資優生，「這對高中生、大學生和研究生恐怕有不同的要求。高中與大學一二年級的課程，都是基礎課，非常重要，都應該學好。到大學後期或當研究生，就要對某一門課程深入研究。學自然科學的，就要能夠找到自然現象與理論的矛盾，並且想辦法展示出來加以解決……我主張，作為資優生，思想要活一點，要大膽地追求問題，提出問題，始終保持旺盛的競爭狀態。我很欣賞那些無論有多少人反對，都敢站出來說明自己觀點的人，想超過別人，先要自己長進。」

丁肇中高中畢業考試，數學、物理、化學都是滿分，其他科目也都很優秀。學校推薦他保送到成功大學，但成功大學依舊並非臺灣的最頂尖學府。這樣丁肇中就面臨著一個選擇 —— 接受保送，還是參加聯考。於是他向自己提出一個問題：「假如我參加聯考，我有能力考上嗎？」他仔細分析了自己的實力，最後得出結論說：「我應該可以考上，憑我的實力，甚至可考個狀元。」

丁肇中去找父親丁觀海商量。

「爸爸，我不需要考試，可以被保送上成功大學。」丁肇中顯得很平靜。

「那好啊！」丁觀海回答。

「可是，爸爸，我想參加聯考！憑我的實際情況，可以考更好的大學。」丁肇中的語氣裡帶著幾分自信和倔強。

幾個月後，聯考揭榜的時間到了。丁肇中接到的錄取通知書上這樣寫著：

丁肇中同學：

「祝賀你錄取成功大學機械工程系。希望你 × 月 × 日前往學校報到註冊入學。」

驀然回首，那人卻在燈火闌珊處。千折百轉，卻又到了成功大學。這樣的打擊是無比沉重的，幾乎沒有人會想到「丁大頭」居然會失手，丁肇中自己就更難以接受這個結果。雖然父母和同學都竭力地安慰丁肇中，但他還是久久地沉浸在失敗的痛苦中。後來，他把這段日子稱為求學的「黑暗時期」。當然，丁肇中最終從自信心的最低點掙脫出來。1955 年，丁肇中踏入了成功大學的校園。次年，留學美國底特律的密西根大學。

### 3.3.3 丁肇中：《應有格物致知精神》

我非常榮幸地接受《瞭望》週刊授予我的「情繫中華」徵文特別榮譽獎。我父親是受中國傳統教育長大的，我受的教育的一部分是傳統教育，一部分是西方教育。緬懷我的父親，我寫了〈懷念〉這篇文章。多年來，我在學校裡接觸到不少中國學生，因此，我想借這個機會向大家談談學習自然科學的中國學生應該怎樣了解自然科學。

在中國傳統教育裡，最重要的書是「四書」。「四書」之一的《大學》裡這樣說：一個人教育的出發點是「格物」和「致知」。就是說，從探察物體而得到知識。用這個名詞描寫現代學術發展是再適當也沒有了。現代學術的基礎就是實地的探察，就是我們現在所謂的實驗。

但是傳統的中國教育並不重視真正的格物和致知。這可能是因為傳統教育的目的並不是尋求新知識，而是適應一個固定的社會制度。《大學》本身就說，格物致知的目的，是使人能達到誠意、正心、修身、齊家、治國和田地，從而追求儒家的最高理想 —— 平天下。因為這樣，格物致知的真正意義被埋沒了。

大家都知道明朝的大理論家王陽明，他的思想可以代表傳統儒家對實驗的態度。有一天王陽明要依照《大學》的指示，先從「格物」做起。他決定要「格」院子裡的竹子。於是他搬了一條凳子坐在院子裡，面對著竹子硬想了七天，結果因為頭痛而宣告失敗。這位先生明明是把探察外界誤認為探討自己。

王陽明的觀點，在當時的社會環境裡是可以理解的。因為儒家傳統的看法認為天下有不變的真理，而真理是「聖人」從內心領悟的。聖人知道真理以後，就傳給一般人。所以經書上的道理是可「推之於四海，傳之於萬世」的。這種觀點，經驗告訴我們，是不能適用於現在的世界的。

我是研究科學的人，所以先讓我談談實驗精神在科學上的重要性。

科學進展的歷史告訴我們，新的知識只能透過實地實驗而得到，不是由自我檢討或哲理的清談就可求到的。

實驗的過程不是消極的觀察，而是積極的、有計畫的探測。比如，我們要知道竹子的性質，就要特別栽種竹樹，以研究它生長的過程，要把葉子切下來拿到顯微鏡下去觀察，絕不是袖手旁觀就可以得到知識的。

實驗的過程不是毫無選擇的測量，它需要有小心具體的計畫。特別重要的，是要有一個適當的目標，以作為整個探索過程的嚮導。至於這目標怎樣選定，就要靠實驗者的判斷力和靈感。一個成功的實驗需要的是眼光、勇氣和毅力。

由此我們可以了解，為什麼基本知識上的突破是不常有的事情。我們也可以了解，為什麼歷史上學術的進展只靠很少數的人關鍵性的發現。

在今天，王陽明的思想還在繼續地支配著一些中國讀書人的頭腦。因為這個文化背景，中國學生大部分偏向於理論而輕視實驗，偏向於抽象的思維而不願動手。中國學生往往念功課成績很好，考試都得近 100 分，但是面臨著需要主意的研究工作時，就常常不知所措了。

在這方面，我有個人的經驗為證。我是受傳統教育長大的。到美國大學念物理的時候，起先以為只要很「用功」，什麼都遵照老師的指導，就可以一帆風順了，但是事實並不是這樣。一開始做研究便馬上發現不能光靠老師，需要自己做主張、出主意。當時因為事先沒有準備，不知吃了多少苦。最使我徬徨恐慌的，是當時的唯一辦法 —— 以埋頭讀書應付一切，對於實際的需要毫無幫助。

我覺得真正的格物致知精神，不但是在研究學術中不可缺少，而且在應付今天的世界環境中也是不可少的。在今天一般的教育裡，我們需要培養實驗的精神。就是說，不管研究科學，研究人文學，或者在個人行動上，我們都要保留一個懷疑求真的態度，要靠實踐來發現事物的真相。現在世界和社會的環境變化得很快。世界上不同文化的交流也越來越密切。我們不能盲目地接受過去認為的真理，也不能等待「學術權威」的指示。我們要自己有判斷力。在環境激變的今天，我們應該重新體會到幾千年前經書裡說的格物致知真正的意義。這意義有兩個方面：第一，尋求真理的唯一途徑是對事物客觀的探索；第二，探索的過程不是消極的袖手旁觀，而是有想像力的有計畫的探索。希望我們這一代對於格物和致知有新的認識和思考，使得實驗精神真正地變成中國文化的一部分。

# 3.4 興趣廣泛的奧斯特瓦爾德

加倍儲存你的資源。如此這般，你的生活將豐富一倍。不要寄希望於一種事物或者一處資源，無論它多麼珍貴。每種東西都應該加倍儲藏，尤其是成功、恩賜、自尊之源泉。月有陰晴圓缺，世事變化無常，領先我們薄弱意志生存的事物更是如此。所以，智者應小心防範這種無常，加倍儲存好的有用的資源，這是生活的首要法則。正如大自然都讓我們最重要和最易暴露於危險之中的四肢成雙成對一樣，我們也要用人的智慧來經營自己賴以成功的資源。

——《智慧書》（134）

F.W. 奧斯特瓦爾德 —— 德國物理化學家。出生於拉脫維亞里加，後入德國籍。1872 年進愛沙尼亞多爾帕特大學學習，1878 年獲化學博士學位。1882 年任里加工業大學教授，1887 年任萊比錫大學物理化學教授，1898 年兼任德國物理化學研究所所長、《物埋化學雜誌》主編等職務，1906 年退休。主要著作有：《化學總論》、《化學原理》、《無機化學》、《分析化學》、《化學問答》、《物理化學雜誌》、《電化學史》、《科學偉人傳》和《自然哲學》等。他的次子 C.W.W. 奧斯特瓦爾德也是著名化學家，是膠體化學的創始人之一。

## 3.4.1《物理化學》的創始人

奧斯特瓦爾德是物理化學的創始人之一。主要從事化學動力學和催化方面的研究。

(1) 用容量法、電導法等方法測定酸鹼中和後的體積變化，然後提出稀釋定律，率先將質量作用定律應用到電離上；創立了溶度積概念，即溶液中固體物質達到平衡時它的離子濃度的乘積為一常數。此外，還最初提出了指示劑的變化機理，例如酚酞在未電離情況下是無色的，電離成離子後顯粉紅色。

(2) 創立了催化理論，給「催化劑」下了正確的定義 —— 只能改變化學反應速度而不能影響化學平衡的物質。由於深入研究催化機理，他與哈柏共同發明了人工合成氨，還單獨發明了氨在催化劑作用下氧化生產硝酸，為大量創造硝酸開闢了途徑。

(3) 創辦《物理化學雜誌》，把物理學思想引入化學領域，有「物理化學之父」的美稱。同時還積極支持新生力量，提拔新秀。

奧斯特瓦爾德因研究催化作用、化學平衡條件和反應速率等方面的貢獻而獲 1909 年諾貝爾化學獎。

### 3.4.2 從煙火到火箭

奧斯特瓦爾德出生的拉脫維亞首府里加當時屬俄國管轄，但奧斯特瓦爾德的雙親都是德國移民的後裔。父親是個手藝人，靠製作木桶為生；母親是麵包師的女兒，細心照料著三個兒子。製作木桶並不是能賺錢的生意，他們一家一直過著漂泊的清貧生活。由此奧斯特瓦爾德的父母也悟出了一條道理：要想過得好一點，就一定要有知識。所以他們堅持讓三個兒子都盡量地多讀一點書。也很支持兒子們對科學的興趣。

奧斯特瓦爾德 10 歲時，父親沒有把他送入教會學校或古典式的中學。而是決定讓他上一所新型的實驗中學，這所學校的學制為 5 年。第一年開始學俄語，依次還要學法語、拉丁語，還開設了數學、物理、化學等自然科學課程，不過化學要到第五學期才開始講授。最後一年還容許學習大學的一些教學內容。學校裡有最優秀的老師，實行的是感化教育和啟發教學。因此，父親的這一果斷決定對他的未來的全面發展具有決定性的意義。他的創造天性和廣泛志趣不僅未受到壓抑，而且還培養了他未來作為科學家和組織者的素養和才幹。在實驗中學，他頭一年還是一個十分順從聽話的學生，各科成績名列前茅，後來，由於閱讀形形色色的書刊，在他的眼前展現了一個五彩斑斕的世界。他在精神上逐漸獨立起來，開始比較自覺地、有意識地選擇自己的發展和成長道路。

11 歲時，他偶然在舊書攤上看到一本關於製作煙火的書，書中提到煙火的組成成分和一些化學名詞，還寫著化學表達式。這些累積在一起的奇怪符號引起了他的興趣。他拿著這本書跑去問學校的老師，這些化學元素表達式是什麼意思，但老師簡單的回答並不能使他滿意。他決定自己去研究一下，並親自動手製作煙火。父母都很支持他的這一行動，父親在地下室裡開闢出一塊地方，作為專門的實驗室；母親用平時節省下來的錢供他購買硝石、硫磺和各種化學粉末，以及實驗所需的器皿。他也設法去打些零工，賺一些錢來購買來更多的實驗用品和書籍。他聚集了幾個同學，開始了他們製作煙火的工作。

經過一個多月的反覆試驗，他們的煙火終於做好了。五顏六色的煙火在夜空中盡情地飛舞著，他也第一次感到如此的興奮，化學表達式在他面前變成了絢麗的火花，這種奇妙的感受是難以形容的。

試製煙火那一件事，在他的一生中的確具有決定性的影響。他深深地體會到：無論是科學還是技術，透過印刷品保存下來，對後人都有著巨大的教益；另外，僅僅看書是不夠的，還要親自動手去做，去實踐，才能得到比書本所講的還要多得多的東西；但是，要完成任何一件值得花時間去做的事情，僅憑良好的願望和熱情還是不夠的，還需要堅強的意志和毅力以及科學的方法。在成功之時，他還體驗到一種近於痛苦的深奧的幸福。這種幸福，恐怕只有身臨其境的人才能體驗到。他晚年發明的幸福公式，也許與此不無關係。

煙火製作成功以後，他又有一個新的想法：製作一枚火箭。這彷彿超出了他和他的夥伴們的能力，但第一次成功的經驗使他們充滿信心。經過一段時間的努力，他們製作出了一枚「火箭」，但這支形狀奇怪的東西能否飛上天，還是個未知數。首要的問題是他們得找到一個發射架，不然火箭很可能橫穿進鄰居家的窗子。經過大家認真地討論，他們決定在他家的煙囪裡發射這枚火箭。最後，他親手點燃了導火線，火箭一下子騰空而起，順著煙囪飛向了天空。後來他回憶起這件事情時說：「在一切困難面前，有一個原則是有用的：你想去做某一件事，但又沒有把握，你會發現，最好的幫助是大聲吹噓：你將在某某時候完成這一業績。這樣，你就會責成自己正規地、持續地去作這項工作，而且你也會十分樂於承擔這項任務。」

後來，他又迷上了照相，但是他手頭什麼照相器材也沒有，一切都得從頭做起。他用父親裝雪茄的空匣子作照相機暗箱，用母親的觀劇鏡作鏡頭，用塗有藥液的硬紙片作顯影紙，拆下窗格上的玻璃作底板。在里加買不到的化學藥品，他便設法用容易買到的材料製取。在其他人看來，這簡直是毫無希望的可笑之舉，然而他卻出人意料地洗出了照片，他當時比燃放煙火還要興奮。要知道，奧斯特瓦爾德取得的試驗成功的時候，他還沒有上過化學課哩！

奧斯特瓦爾德的興趣相當廣泛，他曾一度埋頭於繪畫，在鄰近的藥劑師的幫助下，自己動手混合顏料。這對他晚年研究顏色學很有幫助。他後期工作的風格和內容，都是由他年輕時代對周圍世界和內心世界的感受決定的，他首次聽到震撼人心的音樂是在教堂舉行的聖誕音樂會上，從此刺激了他學習音樂的欲望，這種欲望由於父母的支持而得到極大的滿足。音樂不僅使他得到了直接的藝術享受，而且也使他受到美的薰陶。音樂素養後來在他的科學工作和社會文化工作中都發揮了無形的作用。雖然大家都認為他是個有才能的孩子，但是，他花費了太多的時間在各種實驗和課外活動上，他的成績因此一落千丈。本來是五年制的中學，他讀了七年。而且到畢業的時候他也沒能透過所有課程的考試，有一門俄語他沒有及格。這樣雖然可以拿到畢業證書，但卻不能升入大學，因為這是俄國的領地。他只得又補習了半年俄語，最後在俄語老師的大發慈悲之下，算是混過了這一關。1872 年，他進入多帕特大學學習，他在大學裡又重複了中學的險境，他後來開玩笑說：「我在大學一年半的休耕地上獲得了大豐收。」大學畢業後，他做了物理學教授厄廷根的助手，在 25 歲時獲得了博士學位。

## 3.4.3 奧斯特瓦爾德：《我如何成了化學家》

正如大家所知道的，長期以來，在一起慶祝聖誕節的來臨已經成為我們實驗室的慣例。

……

（我們）每年都有一位著名化學家出席，而且這位化學家必須做一次演講。蘭多特、萊姆塞、范霍夫以及我們這個學科的其他偉人光臨本所，報告他們自己的研究工作，使我們不僅目睹其風采，而且親聆其教誨。遺憾的是，今年我們沒有這樣的機緣。我原打算和大家一起邀請我的朋友阿累尼烏斯發表演說，但是他已經不得已縮短了這次在德國逗留的時間。我們這門學科並非名流會聚，所以我未能及時找到代替阿累尼烏斯的人。因此，只好由我來濫竽充數。我冒昧地這樣做，並不是把自己放在那些偉人之列。我給大家講個故事，之所以要講這個故事，是因為我在思考一個問題，即如何成為化學家。很抱歉，我在這個問題上的想法還沒有達到能夠以很系統的形式向你們介紹的程度。談談我如何成為化學家也許更好，我將把結論留給你們，由你們從我的談話中汲取那些你們認為是重要的東西。

記得有一次，我坐在通向碼頭的臺階上，手持釣竿，試圖釣上河裡的螞蟥。在我的記憶中，這次釣螞蟥的嘗試與我所做的第一個科學試驗有關。我坐在那裡正在等螞蟥上鉤的時候，我父親的一位朋友（我父親是桶匠）從屋裡出來，嚴肅地告誡我當心螞蟥，唯恐我被第一條上鉤的螞蟥拖下水去。起初我對這樣一幅情景驚恐萬分，但我很快控制了自己。我推想，如果螞蟥要把我拖下水，我只要扔掉釣竿就行了。於是，我繼續釣螞蟥。但不幸的是，實驗結果並不令人滿意，因為沒有一條螞蟥想上鉤。

這條河及其環境是我後來數年之中日益主動地從事研究活動的場所。我與我的一兄一弟及幾個朋友詳細考察了河中的一切，全體成員廣泛討論了每一個新發現。這種活動使我們興奮不已。不過我母親卻沒有這麼高興，因為我們闖了許多禍。

……

這些有趣的活動並沒有促進我學業上的進步。我剛才談到，當時我進入了大學預科學校，事實上這是我所聽說過的最理想的學校。大家一下就明白，我應只學 5 年，由於我的業餘興趣嚴重干擾了正常的學習，這 5 年學習卻花了我 7 年的時間。另一個障礙是我在可怕的俄語學習上的困難。最後一次俄語考試把我折磨苦了。實際上，只是我的老師波彭看我實在不可救藥，這才高抬貴手。考試前，我不得不在他的指導下做出翻譯練習，而十分湊巧的是，這些練習的最後部分正好就是考試中的題目。總之，我設法通過了考試，準備上大學。於是，我離開里加到多爾巴德，開始大學生涯的偉大的一天來臨了。

多爾巴德的環境使人暈頭暈腦。我加入了一個大學生同鄉會。按照慣例，這個同鄉會在一起消費了大量的啤酒。這種活動占去了我的大部分時間，尤其是頭兩個學期。但由此可以經常不上課，所以也說不上得不償失，因為那時候聽課對我所起的作用就是催眠。

一段時間之後，允許我在實驗室做化學實驗，我開始在不久前才去世的倫貝格的指導下進行定性分析。當時他相當年輕，而且確實有些古怪的習慣。

像我講過的那樣，第一學期很快過去了。我經常在四重奏中拉提琴，還參加其他各種娛樂活動。我們經常相互開開玩笑，一般都很愉快。不過，幾個學期之後我申請允許參加第一部分的候選人考試 —— 這種考試通常有三個部分。出乎我的意料，我竟表現得不錯。這個成功給我壯了膽，在慶賀我成功的會上，當然同樣以漂亮方式通過了這個嚴峻考驗的其他人也在場，我突然宣布我要參加下一次第二個部分的考試。就我的情況而論，這似乎是不怕難為情的吹牛，因為離考試時間只有 2 個星期了。繼之而來的嘲笑把我激怒到如此程度，以至我不得不拿出人格來為自己辯護，並且在考試結果上打了一箱香檳的賭。第二天早晨，事情看來並不像頭天晚上所想像的那樣樂觀，我想拋棄昨晚的打算，但是一想起我打的賭，就使我認真地考慮這件事。我覺得打算參加考試不完全是一件傻事。簡言之，努力成功了，可我壓根兒沒有見到那箱香檳。不過，我被任命為物理學實驗室馮．厄廷根教授的助教。這個職位原來還有另一個候選人，而且厄廷根確實更願意錄用他，但他只通過了第一部分考試。教授後來告訴我，把我塞給他做助教時，他確實沒有指望我對他的工作有多大助益。

我的職責並不艱巨，因為幾乎沒有多少學生需要照顧。此外，我只需要準備儀器。這樣，我就有許多空閒時間。厄廷根教授建議我利用時間進行獨立研究。「在你的一生當中，絕不要讓你自己的工作出現相似、閒適和平靜的時期。」他說得多麼正確！我開始很熱心地研究一個問題，但很長一段時間裡我多次中斷研究。尤其記得仲春的一天，外面特別暖和，一棵丁香花盛開，醉人的芳香送進窗戶敞開的天平室。當時我正坐在裡面稱量各種酸類，丁香花的香味和酪酸的氣味形成了鮮明的對比，我起身丟下了一切，8 天沒有回到實驗室。

……

我按時通過了碩士考試，獲得了上課的殊榮。我的這個發展時期還有一個值得注意的事件，這個事件的結果使我至今仍深得其樂，這就是訂婚和結婚。訂婚之後，我的一位親密朋友心懷誠意地告誡我不要冒險地再往前走了。他說我在科學上已經有了一個出色的開端，若是結婚，則絕不會完成任何有價值的工作。這確實是我的莫大恥辱。但我對他的建議卻充耳不聞。

一年後我通過了最後的考試，即博士學位考試，並且成為教授。我想，似乎不必向你們詳述我後來的經歷，因為我可以肯定，你們至少對這些年的情況大都有所了解。此外，我們的聖誕節聯歡會結束的時間也快到了。

# 3.5　首位獲得諾貝爾獎的日本人湯川秀樹

努力和能力。缺少兩者，就不可能出類拔萃，如果二者兼而有之，定會卓爾不群。努力的平凡者比不努力的聰明人更有所成。工作是贏得榮譽的代價。付出少價值就低。即使是身居高位，所缺的往往是實做，很少是才能。寧願在偉大的事業上取得普通成就，也不想在低級職位上出類拔萃，這本也無可厚非；如果你本身是天才，卻甘於平庸，則毫無道理。天賦與後天努力都不可或缺，付出努力方可大功告成。

—— 《智慧書》（18）

湯川秀樹 —— 日本物理學家。1907 年 1 月 23 日生於東京，1929 年畢業於京都大學物理系，1932 年任京都大學講師，1933—1939 年在大阪大學任教，研究原子核和量子場論。1939 年回京都大學任物理學教授，直到 1970 年。其間 1943—1945 年兼任東京大學教授。1948 年受聘為美國普林斯頓高級研究院客座教授，1949—1951 年任哥倫比亞大學教授。1953—1970 年任京都大學基礎物理學研究所第一任所長。1975 年以後長期患病，1981 年 9 月 8 日在京都逝世。主要著作有：《理論物理學的進步》、《日本科學一百年 —— 一個物理學家的看法》、《量子物理學入門》和《基本粒子理論入門》等。

## 3.5.1 發現介子力

1932 年，查兌克發現中子後，海森堡就指出，原子核必定是由質子和中子這兩種粒子組成。如果這種假設是正確，那麼在原子核裡就只能找到正電荷。由於這些正電荷處於核內，彼此距離很近，因此它們之間必定要產生巨大的排斥力。海森堡設想在這些正電荷之間應該存在著「交換力」，但他並沒有對這種交換力做進一步探究。

湯川秀樹認為，通常所說的電磁力是光子的輸運，而在原子核裡一定也存在著一個包含輸運某種實體的「核力」。這樣的力如果存在，其作用一定是超短程的，也就是說，這種力的作用距離絕不能大於原子核的線度（大約是一公分的十萬億分之一），同時這種力也必定是非常強的，強到足以克服各個帶正電質子間的斥力。然而，這種力也必定隨距離的增加而非常迅速地減弱，因為，核的外面，即使在最接近它的電子的距離上，這種力也絕不會被發現。

根據這一理論，原子核中質子和中子之間若輸運一種粒子時，就會表現出這種力來。它具有質量的，而這種力的作用範圍越短，粒子的質量就必須越大，由於這種力只在原子核線度這樣短的距離上表現出來，這個粒子應該具有大約相當於二百個電子的質量，即一個質子（或中子）質量的九分之一上下。

1935 年他公布這一理論時，人們還未發現這種中等質量的粒子。但在第二年，安德森便發現了這樣一種粒子，於是稱之為介子。在一段時間內，介子似乎就是湯川秀樹理論中提出的粒子。不幸的是，安德森的介子（μ 介子）不能和原子核發生反應，而湯川秀樹的理論卻要求有這樣的反應。不過到了 1947 年，鮑威爾發現了第二種介子（π 介子），這種介子稍稍重一些，它滿足了所有的要求。因而，湯川秀樹榮獲了 1949 年諾貝爾物理學獎，成為第一個獲得諾貝爾獎的日本人。

1936 年湯川秀樹還預言原子核能夠吸收核外最內層的一個電子，這等價於發射了一個正電子。因為最內層的電子屬於「K 殼層」所以這個過程就稱為「K 捕獲」。這個預言在 1938 年得到證實。

## 3.5.2 同學們叫他「權兵衛」

湯川秀樹的父親小川琢治是地質學家。湯川秀樹把自己選擇物理學作為終身事業歸因於「不好交際」的個性，他更願意在不需要和人打交道的情況下工作，而這正適合理論物理的研究。湯川從小都沒有顯示出什麼超群的才能，反而在某些方面顯得比較差勁，遇到麻煩也不願多說話，於是家人給他發揮了個綽號「我不想說」，學校裡的同學們則叫他「權兵衛」（無名小卒）。

他自認為生來就有悲觀厭世的情緒。這種心態說不上健全，也容易引起周圍人的誤解。湯川在自傳中寫道：「至於我本人，我在上中學的過程中，變得愈加沉默了。我並不缺少朋友，我甚至也參加各種體育運動。總之，一個少年的內心世界在我的內心中揭開了。回想起來，我認為當時褊狹地試圖保護自己。」

湯川的父親曾一度不想讓他考大學，而去讀技術學校。但母親小川小雪似乎更了解湯川，她堅決地支持湯川讀大學，她說：「有些孩子是不聲不響的。不僅僅是那些引人注目的和表現出才氣的孩子會成為取得偉大成就的人。那些童年時代無聲無息的人往往也能成為這樣的人。」

湯川沉默的性格使他更能向內延伸自己的思維，他對事物的思考總是不滿足現有的解釋。這可以追溯到湯川的中學時代。有一天，他向二哥提出一個問題：

「一塊石頭分為兩塊，兩塊再分為四塊，之後還能再分嗎？」

「當然，四塊分成八塊，八塊變成十六塊……」二哥回答。

「最後分到不能再分了，又會怎樣呢？」

「那就不能再分了。」

「不對，肯定可以再分。」湯川堅定地說。

兄弟倆各持己見，誰都不能說服誰。他們就約定各自去找證據，明天再來繼續爭論。第二天一早，二哥抱著一大堆書來找湯川，興奮地說：「你看，這裡寫得清清楚楚。分到一定程度就不能再分了，小到眼睛看不見，就叫分子。」

沒想到湯川還是不服，他固執地問：「把分子再分成兩半，又會怎麼樣呢？」

「不能分就是不能分，你這人怎麼就說不明白呢？」二哥有點急了。

最後兩個人靠嘴已經不能分出勝負了，只好訴諸武力。

雖然那次決鬥的勝敗難以評價，但是二十多年後，湯川憑著不懈的努力，終於用更科學的物理方法證明了自己的觀點——分子是可以再往下分的，並因此獲得了諾貝爾獎。相信湯川的哥哥一定會非常的自豪，自己的拳頭下面竟然打出一個諾貝爾物理學獎，畢竟，不是每一個哥哥都有這種運氣。

另外，湯川對美麗險峻的群山有著深厚的感情。中學時代，他常常和同學們一起攀登京都的名山。登吉田山和大文字山，對他們來說十分輕鬆，就像茶餘飯後的散步。睿山也登過好幾次，每次都走不同的路線。白和道的七曲山上有熊出沒，雲母坂的坡陡峭崎嶇，都沒能讓湯川退卻。登山使他感受到心情舒暢，覺得胸懷豁然開朗。

學校經常舉辦獵兔活動。岩倉、松崎方向的後山裡棲息著許多野兔。冬天，天還沒亮，同學們就趕到學校集合，然後列隊向山上進發。山上還積著雪，風颳在臉上仍然刺骨，興奮的同學們對這些一點不在意。

在山頂上布下用繩子拴住的大網，由有經驗的同學守住。湯川他們擔任趕兔子的任務。他們編成橫隊，從雜草和灌木叢中追趕兔子。他們邊跑邊打邊喊：

「嚯 —— 咿！」

「嚯 —— 咿！」

吆喝聲與遠山呼應，發出連綿不絕的回聲。茶褐色的兔子驚慌地從灌木叢中竄出來，飛快地往山上跑，然後撞在早已布下的大網上。高年級的同學把網上的兔子捉住，然後以機械般的準確性將兔子的膝蓋折斷。骨頭斷裂的聲音，聽起來異常清脆。

看著苦苦掙扎的兔子，湯川有一種說不出來的不愉快的心情。終於有一次，他討厭了獵兔活動，因為他不能忍受對可憐的兔子的殘忍處置。儘管湯川沒有了獵兔的心情，然而捉到兔子的同學們仍然興高采烈，背著戰利品回到學校。校園裡早就挖好了幾個大坑，點燃大坑裡的火，鍋裡的水一會就沸騰了，只是兔子肉還不夠，又買來豬肉添上。兔子湯煮好了，是一大鍋黏糊糊的渾濁的加上酒的醬湯。

太陽落山了，夜幕開始降臨。圍著篝火的學生開始喝兔子湯。你一勺我一碗，熱鬧非常。湯川的肚子早就空了，兔子湯的誘人香味誘惑著他。儘管兔子是無辜的，但填飽肚子更為重要。於是，湯川一邊吃，一邊展開想像，心情似乎一下子沉重了許多。他聽著火的爆裂聲，彷彿又聽見了兔子腿折斷的聲音。

湯川中學時在京都的府立第一中學讀書，當時日本著名教育家森外三郎正在這裡任校長。正當湯川的父親考慮是否讓他讀大學時，森外三郎對他父親說：「一個具備湯川這樣才能的少年是非常罕見的。」當他看出湯川的父親還在猶豫時，他又說：「如果你以為我在恭維你，那就讓湯川當我的養子好了。」校長的眼光是正確的，才能的表現可以有不同的形式，湯川就是特殊的一種，而且非常地特殊。

1925 年 9 月 1 日，東京發生了一場大地震，京都也有相當的震動，這使湯川的父親突然間想到了 34 年前的一場地震，正是那一場地震使一向對文學充滿興趣的他改變了人生志向，走上了地質學的道路，而 34 年後的這場地震則使父親萌發了讓兒子也走地質學道路的想法。幾天後，他交給湯川一本厚厚的地質學英文書籍，並對湯川說：「讀讀這本書吧，如果感興趣，就專攻地質學吧。」

湯川遵照父親的意思開始閱讀這本大部頭的地質學書，恰在此時，報考大學的志願調查表發下來了，他不假思索地填上了「地質學」。但隨著閱讀的深入，湯川卻漸漸產生了厭惡情緒，透過厚厚的地質學書籍，他突然發現了自己真正興趣所在，揭示那些地質學奧祕的鑰匙 —— 物理學。於是，當第二次調查表發下來的時候，湯川毫不猶豫地填上了「物理學」。從此，他真正與物理學結了緣。

### 3.5.3 湯川秀樹：《科學家的創造性》

像我們這些從事科學研究和教育的人，每年總想做點獨創性的工作。不但我們自己，而且還希望年輕人都能發揮具有獨創性的創造精神。怎樣才能達到這個目的呢？這是我經常考慮的一個問題。然而，科學家要想發揮獨創性，做點出色的工作，確實是一件相當困難的事情。在長期研究生活中，能夠做到這點的人也是屈指可數的，機會也是難得的。同樣都認為是在發揮創造性，但其大小程度實際上也是不同的。假若能發揮一點點創造性，那麼也算是取得了一些成績；如果稍微大一點，一生一次……當然，這一次也是難得的。若能做出兩次，也已經是相當了不發揮了。但一次也無建樹，莫如說是常見的。

如果說運氣好，一次就成功了，或者說特別走運，兩次都成功了，即使如此，那麼，在那些其他漫長的歲月裡，到底做了些什麼呢？用功了？玩了？還是休息了？……不管是怎樣度過的，但在這段時間裡並沒有發揮什麼創造性。不僅做學術是這樣，就是從事藝術或技術工作的，不管想怎樣拚命地做，想發揮獨創性，但順利地發揮出來也是少有的。這樣說是否就意味著其餘的時間就完全是虛度了呢？當然不是那個意思。5 次，10 次，即使都失敗了，也絕不能泄氣，失敗 100 次還是要繼續做，只能在那種反覆失敗的過程裡尋求某些成功的機會。

是否可以這樣說，一個研究人員的經歷，一般也是 30 年到 40 年，在這 30 年到 40 年裡，能有一次或二次成功就是很不錯的。即使一次也未見效，只要努力，也一定會從中得到教益。不能說沒有成功就絲毫沒有意義。關於這類問題，我想只限於就與自己專業有關的科學家的創造性講些個人的看法。

**1. 堅持己見是個必要條件**

像方才所說的那樣，所謂研究工作，只要自己有能力，即使已經發現有失敗的可能時，也應該繼續下去。

若從我們學者的經歷來考慮，在這個問題上我是很主觀的。主要原因是從事學術工作本身就需要堅持己見，也就是依靠「己見」來工作。恐怕從事學術工作的人們一定都是懷有這種「己見」的。但是「己見」強烈到什麼程度？堅持到什麼程度？這是因人而異的。但絕不能說因為堅持己見就能作出貢獻。不管怎樣堅持己見仍舊未能作出貢獻的人也的確是有的。如果用數學上常用的話來說，就是要使某一個問題成立，應該有必要的充分的條件。我認為，堅持己見確實是必要的條件，但它也確實不是充分的條件。

為什麼持有「己見」？這個問題不大容易說清楚。如果進一步考慮，我認為這和人本身存在的非常深刻的內部矛盾有著密切的關係。世界上有普通的人，有傑出的人，也有無所作為的人、古怪的人或超群的人等等，他們也具有各式各樣的類型。

大體劃分的話，一類聖者，也就是像所謂聖人那樣的人，這已經是屬於「大徹大悟」的類型了。我自己遠未達到這種程度，所以對聖者或聖人的情況不太了解。但我認為這種類型的人是沒有己見的。他們在過去可能有，但後來克服了。

與此相對應的另一種類型——天才，或者雖未達到天才水準，但卻已具有相當優秀的才能而勤奮從事自己工作的人。這類人或許有那樣的覺悟也未必可知，但仍然還是帶有一些「己見」的。用一點不大好聽的話來說，也就是「固執己見」吧。人，過於出類拔萃，我看就不能從事學術或藝術工作了。和聖者、聖人不同類型的天才或接近天才的人，自己頭腦裡總是殘存著深刻的矛盾。對某一種觀點持有己見時，對相反的觀點也並不容易從自己的頭腦中清除出去。不是這樣吧？也許不是這樣？換個別的辦法是否會好一些呢？科學家就是這樣在相信與懷疑之中日夜不倦地工作著。

當然不能一概而論，我們從事的理論物理、基礎物理研究工作就屬此類。某位科學家堅信某一學說，看來好像百分之百地相信，但料想不到的是，自己頭腦裡也在考慮著相反的觀點。這樣的事也不少吧！善於工作的人就是這樣。也正因為這樣，才有驚人的力量。自己完全覺悟了，就不必再寫論文了。寫論文這件事，好像為的是給別人看的，其實首先是讀給自己聽的。

**2. 天才和怪人**

不管怎樣，只要內心有了那樣的矛盾，就會以某種形式表現出來。表現形式可能各種各樣，尤其讓人看著有點奇怪時，那就成為聖人了。能夠做出點奇事情的人，才被認為是天才。但是天才和怪人並不完全一致，雖然是天才，但有時可能做出怪人的行為來。但做出怪人的行為，並不一定是天才。人們的性格是很奇怪的，總是喜歡說別人如何非凡如何出奇，所以很願意把怪人說成是天才，不像怪人的人，說成天才總覺得不夠意思。對於自己熟悉的人，能夠進行正確的評價，也不至於評價過高。若是遇到不熟悉的人時，稍微有點古怪就認為是傑出人才也未可知。相反，沒有古怪脾氣的就不認為是天才。實際上是容易產生這種判斷的。但是，獨創性真正發揮出來沒有？莫如說是自己的靈魂深處還隱藏著內部矛盾，並且很激烈，這就涉及怎麼解決的問題。我認為這裡有兩種情況：一是在其外部表現為怪人時；二是外部沒有表現出來，從外部看來沒有什麼出奇的。

不管哪種情況，所謂矛盾和固執己見，兩者具有密切聯繫。但究竟是包含著矛盾，還是在一個問題上堅持己見？簡單講，堅持己見也有各種不同的情況。如有非常遠大的理想，儘管是不容易達到的，也許是十分遙遠的，但想要完成這樣任務的人，他的工作視野和規模就會逐漸擴大，取得巨大工作成果的可能性就會隨之而來。與此相反，一生之中，始終庸庸碌碌的可能性會是很大的，我認為這是一個根本點。

**3. 記憶力、理解力、演繹邏輯能力**

所謂創造性，是一時很難說清楚的問題。從表面看，它也是有著重要的歷史或社會意義的。若不從問題的性質上，不深入到內部或不從內部來觀察的話，我認為那是難以抓住其本質的。

前面曾說過堅持己見和自己頭腦裡有矛盾的重要性。當然，只有這些還是不夠的。一提到創造能力，就容易聯想到一種好像與其相反的能力，如記憶力等。實際上，記憶力非常好、在學校成績優秀的人，出了校門之後，一向無所建樹，就是成為專家也未能做出什麼獨創成果的也大有人在。另外還有一個所謂理解能力的問題。理解事物的能力很強，但自己提不出獨創性觀點，這種類型的人也是司空見慣的。但是，記憶力和理解力是發揮創造性的必要基礎，這是人所共知的。

所謂理解力，說來簡單，但是其中包含著各種因素。如合理的思考能力就可以認為是其中的一種。如果把它想得更狹窄一些，就成為邏輯的，特別是演繹邏輯的思考力了。從某一前提出發，經過理論上的推導則可得出結論。也就是因為這樣而得出這個結論。這樣反覆推論下去，就能成為發揮創造性的基礎，或者作為工具，這些都是十分重要的。但只有這些還是不夠的。如果只說演繹邏輯能力的話，恐怕電子電腦更為優越，速度也更快，在操作中勞累、搞錯或者中斷等現象都是很少出現的。現在的電子電腦也有記憶能力，但跟人相比時，在記憶數量這一點上，電腦還是遠遠落後的。不管怎樣說，電腦是具有記憶力和邏輯思考力的，但是我們不能說電腦有創造力。若是那樣的話，除此之外，人還有什麼能力呢？

**4. 類推**

人的各種智慧，都是大腦活動的結果。任何人都在某種程度上具有這種能力，但跟創造性工作有著最密切聯繫的是類推的作用。關於類推的作用很早以前就曾有過論述，各位聽了我的說明以後，就比較容易理解了。

我們想使別人理解一個難懂的問題時，常用的辦法是列舉眾人皆知的事例進行比喻。因為跟已知的事物相類比，即使是很難理解的問題變得好像容易使人接受，這就會使說者和聽者雙方都能明白。但關鍵是要找到跟疑難問題相似而易懂的事例。某人若能用易懂而相似的事例，使任何人都認為難懂的問題得到解決，就可以說是開始發揮了真正的創造性。實際上，在古代的哲學書籍中，例如在古希臘和中國的古書中，有很多「例如」的字樣。古代的思想家，實際上用這種所謂「例如」的辦法，不只向人們傳授了很難懂的思想方法，而且恐怕他們之中自己依靠這種類推而達到獨創性思想水準的人也是很多的。

即使是現在，如果能正確地運用這種「例如」，也會使人感到滿意和高興。為了使別人承認「確實是這樣」時，「例如」是發揮巨大作用的。如果在事後能夠細緻地思考一下的話，確實是被那種「例如」所吸引，自己也深感找到了意料不到的結論。當自己考慮什麼新的問題或想弄清什麼疑難問題的時候，「類推」在今天也還是相當起作用的。

關於創造性這個問題涉及各個方面。正好我是研究理論物理的，所以只講跟我有著密切聯繫的方面。從現今開始，正在進入比過去的機器文明更為高度發展的世界，在這個世界裡，創造性就不那麼重要了吧？大家可能都在同樣地考慮著這個問題。持有這樣消極悲觀看法的，我想可能大有人在。但是機器文明越是向前高度地發展，在那個世界裡，人類得怎樣才能更進一步地發揮創造性呢？這是每個人都必須要加以認真考慮的問題。笛卡爾已經在 300 年前就研究過自我培養理智的問題了。處在現代的我們，不但不能自我培養，而且由於客觀上的原因，成年累月到處奔波，連這樣的事情都不太知道的話，那不是將要處於十分狼狽落後的狀態嗎？為了擺脫那樣的處境，請回憶一下笛卡爾，研究他的一些觀點，我認為是有幫助的。

# 3.6　歷史永遠不會忘卻的科學家諾貝爾

勇於推陳出新。這是鳳凰般的人物才有的特權。才能總會變舊，盛名轉眼成空。習以為常磨損了欽佩，初來乍到的平庸之才常使老舊的能人暗淡無光。所以，你應該在勇氣、才能、運氣等所有方面進行更新。你要展示令人驚嘆的新奇之處，如同太陽每天重新升起，同時，還要改變光芒的背景，這樣，你的離去在昔日成功的舞臺上引人懷念，而你的新才能在新的舞臺上將迎來人們的喝彩。

——《智慧書》（81）

阿爾弗雷德·貝恩哈德·諾貝爾

—— 瑞典化學家、發明家和工業家，諾貝爾獎金創立人

諾貝爾 1833 年 10 月 21 日出生在瑞典首都斯德哥爾摩。1841—1842 年，他在斯德哥爾摩聖雅可比教會學校學習。1843—1850 年，在俄國首都彼得堡跟俄羅斯和瑞士籍家庭教師學習。1850—1852 年，諾貝爾先後到歐美諸國進行廣泛的旅遊、學習，增長知識，開闊視野，年僅 16 歲的他已精通英語、德語、法語、瑞士語、瑞典語和俄語，為他今後的創造發明打下了堅實的基礎。

## 3.6.1 艱難的成才之路

諾貝爾的父親是一位頗有才幹的機械師、發明家，但由於經營不佳，屢受挫折。後來，一場大火又燒燬了全部家當，生活完全陷入窮

困潦倒的境地，要靠借債度日。父親為躲避債主離家出走，到俄國謀生。諾貝爾的兩個哥哥在街頭巷尾賣火柴，以便賺錢維持家庭生計。由於生活艱難，諾貝爾一出世就體弱多病，身體不好使他不能像別的孩子那樣，活潑歡快，當別的孩子在一起玩耍時，他卻常常充當旁觀者。童年生活的境遇，使他形成了孤僻、內向的性格。

諾貝爾的父親傾心於化學研究，尤其喜歡研究炸藥。受父親的影響，諾貝爾從小就表現出頑強勇敢的性格。他經常和父親一起去實驗炸藥，幾乎是在轟隆轟隆的爆炸聲中度過了童年。

諾貝爾到了 8 歲才上學，但只讀了一年書，這也是他所受過的唯一的正規學校教育。到他 10 歲時，全家遷居到俄國的彼得堡。在俄國由於語言不通，諾貝爾和兩個哥哥都進不了當地的學校，只好請了一個瑞典的家庭教師，指導他們學習俄、英、法、德等語言，體質虛弱的諾貝爾學習特別勤奮，他好學的態度，不僅得到老師的讚揚，也贏得了父兄的喜愛。然而到了他 15 歲時，因家庭經濟困難交不起學費，兄弟三人只好停止學業。諾貝爾來到了父親開辦的工廠當助手，他細心地觀察和認真地思索，凡是他耳聞目睹的那些重要學問，都被他敏銳地吸收進去。

為了使他學到更多的東西，1850 年，父親讓他出國考察學習。兩年的時間裡，他先後去過德國、法國、義大利和美國。由於他善於觀察、認真學習，知識迅速積累。很快成為一名精通多種語言的學者和有著科學訓練的科學家。回國後，在工廠的實踐訓練中，他考察了許多生產流程，不僅增添了許多的實用技術，還熟悉了工廠的生產和管理。

就這樣，在歷經了坎坷磨難之後，沒有正式學歷的諾貝爾，終於靠刻苦、持久的自學，逐漸成長為一個科學家和發明家。

### 3.6.2 勇敢者的事業

1856 年，諾貝爾的父親把他和兩個哥哥留在俄國管理工廠，自己帶上其他家人回國了。諾貝爾的兩個哥哥致力於企業的復興，而諾貝爾則全力以赴地投入到他所心愛的發明創造。僅僅兩年多的時間裡，他就完成了三項發明：氣體計量儀、液體計量儀和改良型的液體壓力計，這三項發明都取得了專利。儘管這些發明不太重要，但是它鼓舞了諾貝爾的信心，他決心以更大的熱情投入新的發明創造。多年隨父親研究炸藥的經歷，也使他的興趣很快從機械方面轉到應用化學方面。

早在 1847 年，義大利的索伯萊格就發明了一種烈性炸藥，叫硝化甘油。它的爆炸力是歷史上任何炸藥所不能比擬的。但是這種炸藥極不安全，稍不留神，就會使操作人員粉身碎骨。許多人因為意外的爆炸事件而血肉橫飛，連屍體也找不到。諾貝爾決心把這種烈性炸藥改造成安全炸藥。1862 年夏天，他開始了對硝化甘油的研究。這是一個充滿危險和犧牲的艱苦歷程。死亡時刻都在陪伴著他。在一次進行炸藥實驗時發生了爆炸事件，實驗室被炸得無影無蹤，5 名助手全部犧牲，連他最小的弟弟也未能倖免。這次驚人的爆炸事故，使諾貝爾的父親受到了十分沉重的打擊，沒過多久就去世了。他的鄰居們出於恐懼，也紛紛向政府控告諾貝爾，此後，政府不准諾貝爾在市內進行實驗。但是，諾貝爾百折不撓，他把實驗室搬到市郊湖中的一艘船上繼續實驗。經過長期的研究，他終於發現了一種非常容易引起爆炸的物質 —— 雷酸汞，他用雷酸汞做成炸藥的引爆物，成功地解決了炸藥的引爆問題，這就是雷管的發明。它是諾貝爾科學道路上的一次重大突破。

諾貝爾發明雷管的時候，正是歐洲工業革命的高潮期。礦山開發、河道挖掘、鐵路修建及隧道的開鑿，都需要大量的烈性炸藥，硝化甘油炸藥的問世受到了普遍的歡迎。諾貝爾在瑞典建成了世界上第一座硝化甘油工廠，隨後又在國外建立了生產炸藥的合資公司。但是，這種炸藥本身仍有許多不完善之處。存放時間一長就會分解，強烈的振動也會引起爆炸。在運輸和儲藏的過程中曾經發生了許多事故，針對這些情況，瑞典和其他國家的政府發布了許多禁令，禁止任何人運輸諾貝爾發明的炸藥，並明確提出要追究諾貝爾的法律責任。面對這些考驗，諾貝爾沒有被嚇倒，他又在反覆研究的基礎上，發明了以矽藻土為吸收劑的安全炸藥，這種被稱為黃色炸藥的安全炸藥，在火燒和錘擊下都表現出極大的安全性。這使人們對諾貝爾的炸藥完全解除了疑慮，諾貝爾再度獲得了信譽，炸藥工業也很快地獲得了發展。

在安全炸藥研發成功的基礎上，諾貝爾在法國又開始了對舊炸藥的改良和新炸藥的生產研究。兩年以後，一種以火藥棉和硝化甘油混合的新型膠質炸藥研發成功。這種新型炸藥不僅有高度的爆炸力，而且更加安全，既可以在熱輥子間碾壓，也可以在熱氣下壓製成條繩狀。膠質炸藥的發明在科學技術界受到了普遍的重視。諾貝爾在已經取得的成績面前沒有停步，當他獲知無煙火藥的優越性後，又投入了混合無煙火藥的研發，並在不長的時間裡研發出了新型的無煙火藥。

諾貝爾一生的發明極多，獲得的專利就有 255 種，其中僅炸藥就達 129 種。他的發明興趣不僅限於炸藥，作為發明家、科學家，他有著豐富的想像力和不屈不撓的毅力。他曾經研究過合成橡膠、人造絲，做過改進唱片、電話、電池、電燈零零件等方面的實驗，還試圖合成寶石。儘管與炸藥的研究相比，這些研究的成果不是很大，但是他那勇於探索的精神卻為後人留下了深刻的印象。

## 3.6.3 流芳百世的遺願

諾貝爾把他的畢生心血都獻給了科學事業，他一生過著獨身生活，大部分時間是在實驗室中度過的。他謙虛謹慎，對別人親切而忠誠。他拒絕別人吹捧他，不讓報紙刊登他的照片和畫像。長期緊張的工作，使他積勞成疾，但在生命的垂危之際，他仍念念不忘對新型炸藥的研究。1896 年 12 月 10 日，這位大科學家、大發明家和實驗家，由於心臟病突然發作而逝世。

諾貝爾是一位名副其實的億萬富翁，他的財產累計達 30 億瑞典幣。但是他與許多富豪截然不同。他一貫輕視金錢和財產，當他母親去世時，他將母親留給他的遺產全部捐獻給了慈善機構，只是留下了母親的照片，以作為永久的紀念。他說：「金錢這東西，只要能夠解決個人的生活就夠用了，若是多了，它會成為遏制人才的禍害。有兒女的人，父母只要留給他們教育費用就行了，如果給予除教育費用以外的多餘的財產，那就是錯誤的，那就是鼓勵懶惰，那會使下一代不能發展個人的獨立生活能力和聰明才幹。」

基於這樣的思想，諾貝爾不顧其他人的勸阻和反對，在遺囑中指定把他的全部財產作為一筆基金，每年以其利息作為獎金，分配給那些在前一年中對人類做出貢獻的人。獎金分成物理學、化學、生物學或醫學、文學及支持和平事業 5 份。為了紀念這位偉大的發明家，從

1901 年開始，每年在他去世的日子裡，即 12 月 10 日頒發諾貝爾獎。

諾貝爾獎不僅僅表明了這位科學家的偉大人格，而且，隨著世界科學技術的飛躍發展，越來越成為世界科學技術冠軍的標誌。激勵著越來越多的精英豪傑，獻身於科學事業，去攻克一道道科學難關。同時，它也大大促進了世界科學技術的發展和世界科學文化的交流。

### 3.6.4 諾貝爾：《關於設立諾貝爾獎的遺囑》—— 擬定時間為 1895 年 11 月 27 日

我 —— 簽名人艾爾弗雷德・伯哈德・諾貝爾，經過鄭重的考慮後特此宣布，下文是關於處理我死後所留下的財產的遺囑：

在此我要求遺囑執行人以如下方式處置我可以兌換的剩餘財產：將上述財產兌換成現金，然後進行安全可靠的投資；以這份資金成立一個基金會，將基金所產生的利息每年獎給在前一年中為人類作出傑出貢獻的人。將此利息劃分為五等份，分配如下：一份獎給在物理界有最重大的發現或發明的人；一份獎給在化學上有最重大的發現或改進的人；一份獎給在醫學和生理學界有最重大的發現的人；一份獎給在文學界創作出具有理想傾向的最佳作品的人；最後一份獎給為促進民族團結友好、取消或裁減常備軍隊以及為和平會議的組織和宣傳盡到最大努力或作出最大貢獻的人。物理獎和化學獎由斯德哥爾摩瑞典科學院頒發；醫學和生理學獎由斯德哥爾摩卡羅琳醫學院頒發；文學獎由斯德哥爾摩文學院頒發；和平獎由挪威議會選舉產生的五人委員會頒發。對於獲獎候選人的國籍不予任何考慮，也就是說，不管他或她是不是斯堪地那維亞人，誰最符合條件誰就應該獲得獎金。我在此聲明，這樣授予獎金是我的迫切願望……

這是我唯一有效的遺囑。在我死後，若發現以前任何有關財產處置的遺囑，一概作廢。

電子書購買

**國家圖書館出版品預行編目資料**

高效學習者都在用的科學思維：從笛卡爾、達爾文、愛因斯坦等 18 位科學家，培養屬於天才的思考 / 姚建明編著 . -- 第一版 . -- 臺北市：崧燁文化事業有限公司，2021.10

面； 公分

POD 版

ISBN 978-986-516-855-1( 平裝 )

1. 學習方法 2. 思維方法 3. 科學家

521.1 110015275

# 高效學習者都在用的科學思維：從笛卡爾、達爾文、愛因斯坦等 18 位科學家，培養屬於天才的思考

臉書

編　　著：姚建明

發 行 人：黃振庭

出 版 者：崧燁文化事業有限公司

發 行 者：崧燁文化事業有限公司

E-mail：sonbookservice@gmail.com

粉 絲 頁：https://www.facebook.com/sonbookss/

網　　址：https://sonbook.net/

地　　址：台北市中正區重慶南路一段六十一號八樓 815 室

Rm. 815, 8F., No.61, Sec. 1, Chongqing S. Rd., Zhongzheng Dist., Taipei City 100, Taiwan (R.O.C)

電　　話：(02)2370-3310　　傳　　真：(02) 2388-1990

印　　刷：京峯彩色印刷有限公司（京峰數位）



定　　價：299 元

發行日期：2021 年 10 月第一版

◎本書以 POD 印製